アジアの視点で読むルターの小教理問答

J・P・ラジャシェカー〔編著〕
宮本 新〔訳〕

J. Paul Rajashekar (chair)
Songram Basumatary (India)
Man-hei Yip (Hong Kong)
Pongsak Limthongviratn (Thailand)
Victor Tinambunam (Indonesia)
Arata Miyamoto (Japan)

LITHON

Luther's Small Catechism:
An Exposition of the Christian Faith in Asian Contexts and Cultures
Edited by J. Paul William Rajashekar (Author)
First Published in 2019
The Association of Asians and Pacific Islanders
Evangelical Lutheran Church in America, Chicago, USA

まえがき

日本福音ルーテル教会二〇一八年第二八回定期総会において、前世界宣教委員会がブラジルからアジアへという次の海外宣教の展開を提案し採択されました。これを受けて、第二八期の総会より改組された今世界宣教委員会はアジアにおける宣教地の選定に取り組むこととなった。MMFというメコン川流域の諸国に対する海外からの宣教団体が集う会議への長年にわたるかかわりを軸として聴き取りと対話を重ね、MMFの働きから生まれた、アジアで最も若いカンボジア・ルーテル教会の開拓伝道への協力について、すでにELCAがかかわっていることもあり、最も現実的であるという結論に至った。現地視察の予定を組みながらも感染症拡大の影響で実施できず、かろうじてELCAと共に一度の現地視察を果たすことが出来た。この方向性を二〇二〇年第二九回定期総会で提案する予定であったが感染症拡大下において総会延期を余儀なくされ、しかも二〇二二年の開催予定も延期され、二〇二三年五月に開催が予定される第二九・三〇回定期総会を待つこととなった。

満を持してと言うべきか、ＥＬＣＡ‐ＧＭ代表とＪＥＬＣ執行部によるアジア宣教に対する協議の機会を得、特にカンボジア・ルーテル教会への宣教協力についてＥＬＣＡの支援活動へのＪＥＬＣの協力というものに留まらず、カンボジアへの共同宣教というパートナーとして取り組んでいこうとの機運が高まっている。総会で承認された暁には、次期世界宣教委員会にて具体的な取り組みがスタートすることを願う。

この度、委員の一人である宮本新氏により世界宣教委員会に宗教改革五〇〇年を記念するＬＷＦが出版した『アジアの視点で読むルターの小教理問答』が紹介された。時にかなった書物として世界宣教委員会では翻訳・出版の意義を共有し、執筆者のお一人でもある宮本新氏に翻訳作業を依頼することとなった。多忙な中での宮本氏の尽力により、ここに出版が果たされた貢献に多大な感謝を申し上げる。

本書「はじめ」によれば、《本書はアジア系のルター派神学者たち（アジアとアメリカ）によるプロジェクトであり、共同の執筆から様々なスタイルの文章、異なる視点、特定の文脈から引き出された数々の類比や解説があることに気がつかれることでしょう。それぞれの原稿は執筆者の間で共有され、相互に批評、書き直しを重ねてきましたが、それぞれの文化的、民族的、国民的各自の文化的背景を尊重してきました。ソングラム・バスマタリー氏（インド）、マンヘイ・イップ氏（香港／米国）、ポンサック・リムトンビラトン氏（タイ／米国）、ビクター・ティナンブナン氏（インドネシア）、J・ポール・ラジャシェカー氏（インド／米国）、宮本新氏（日本）がこのプロジェクトの執筆者になります》と執筆者とその背景が紹介されている。

また、《本書でアジアやアジア系の人たちというとき、アジアに住んでいる人たちに限定して考えているわけではありません。むしろアジア系の人たちは、世界中様々な場所に存在していることを意識しています。アジアの価値観や文化的慣習を守り保持しているアジア／アジア系の教会は世界各地に存在し、また移民を通じて西欧諸国にもそのような教会は増えつつあります。したがって、本書の「アジア」は地理的な意味に限定されているわけではありません。むしろ「アジア」とは概念であり、「アジア人／アジア系の人々」とはアジアで生まれた価値観、歴史、遺産、世界観、文化的慣習などお互いに相違があるにもかかわらず、共有している部分がある人々のことを指しています。》と「アジア」を紹介している。

本書はテキスト形式でもあり、ＪＥＬＣがアジアへの宣教を決断するにあたって、教会においても個人においても、アジアに目覚め、アジアを自認し、アジアと向き合うための学びとして用いられることを期待する。

二〇二三年三月

日本福音ルーテル教会　世界宣教委員会委員長　永吉　秀人

目次

はじめに

二〇一七年に迎えた宗教改革五〇〇年を機に、アジアルーテル国際会議（ＡＬＩＣ）は、マルティン・ルターを記念する書籍の制作を決定しました。そのプロジェクトの具体化のために一年以上にわたる議論がありました。アジアの諸教会と米国福音教会（ＥＬＣＡ）のアジアミニストリーにとって意味ある制作物の検討が重ねられたのです。そのような議論の成果として本書が世に出されたことを心から喜びたいと思います。それはただマルティン・ルターの働きを記念するという意味だけでなく、アジア地域、さらに世界各地のアジア系の人々からなる諸教会を覚える機会になると期待しているからです。

ルターの主要な貢献は、この『小教理問答』にあると確信しています。教会史上このような教理問答を作ったのはルターが初めてではありません。実のところ、信仰の要点を問答形式で明らかにする方法は、ルター以前の古くからあったことでした。ルターの時代、多くの信徒や聖職者でさえも信仰の基本的な事柄を十分に理解しているとはいえませんでした。教理問答はこの状況に対処するために執筆されたのであり、キリスト者が具体的に生きて歩むための手引やガイドブックとなるよう意図されていました。

ルターの教理問答書はそれ以来、世界各地の教会において、説教や教理問答のために広く用いられてきました。『大教理問答』と『小教理問答』の初版は一五二九年のことであり、いずれも牧師や地域の教会に向けた教育のために作られました。『大教理問答』はルターの説教に基づいており、牧会上の助言や牧師たちの自己研鑽に有益でしたが、子どもたちの信仰教育にも大きな役割を果たしてきました。このような理由から当時の集会や説教で『大教理問答』が朗読されてきた歴史があります。

一五三一年、現在の『小教理問答』と呼ばれる改訂版が完成しました。ルターはこの小冊子の序文で、「人々は洗礼を受け、聖餐に与るキリスト者であるはずなのに、主の祈りも信条も十戒も知らない」と嘆いています。そのような状況を改善するために聖書と信仰の要点を簡潔にまとめ伝えようとしました。このようなルターの意図を踏まえて、本書もまたキリスト教信仰の要点をまとめ、現代世界の中、とりわけアジアの文脈に関連づけることを試みています。

アジアのキリスト教とは

ローマ・カトリック教会が近代の宣教を開始するよりもはるか昔、すでにキリスト教はアジアに伝播していました。このような歴史は、こんにちのキリスト者の間で忘れ去られているかのようです。ネストリウス派はかなり早い時期にインド、中国、モンゴルに伝わり、八世紀まで東アジアで大いに広まりを見せましたが、様々な理由から衰退しました。インドにおけるキリスト教の存在は、早い時期（一世紀に聖トマスが到来した伝承）から現在まで途切れることなく続いています。十六世紀にはローマ・カトリックの宣教師たちがアジア伝道に乗り出しますが、プロテスタントが異文化地域の宣教に乗り出すのは宗教改革から約二世紀も後のことでした。

一七〇六年にドイツのハレから南インドのトランクバール（タミル語名、タランガンバディ）に派遣された近代プロテスタント最初の宣教師がバルトロマス・ツィゲンバルグ（Bartholomaus Zigenbalg、一六八二―一七一九年）とハインリッヒ・プリッツハウ（Heinrich Plutchar, 一六七六―一七五二年）でした。二人ともルター派の敬虔主義者でした。インドは、ヨーロッパ以外で最初に「組織化された」ルター派の拠点であり、それはアメリカにルター派の教会が設立されるよりも数十年も前のことでした。そのトランクバールの地でヨーロッパ人以外ではじめてルター派の牧師按手がアーロン（一六九八―一七四五年）に授けられることになります。一七三三年のことでした。

このようなルーテルの世界宣教の草創期にすでにルターの教理問答書は用いられていました。アジアにおけるキリスト教とその信仰を広めるために聖書が主要な役割を果たしましたが、教理問答書もまた伝道と信仰教育に重要な役割を果たしてきたのです。

アジアにおける『小教理問答』は、一七一五年にはじめてツィーゲンバルグによってタミル語に翻訳されました。カール・ギュツラフ（一八〇三―一八五一年）が中国語に翻訳したのはそれから百年以上も後、一八四三年のことでした。その後は一八九四年に日本語訳、つづいてインドネシア語、韓国語、タイ語、その他のアジアの言語に翻訳され、各地の信仰教育のテキストとして用いられました。堅信志願者は聖句と一緒に教理問答書の一部も暗記するよう求められていたようですが、このような方法はこんにちまでアジアの教会で広く実践されています。この『小教理問答』の解説は、各地の牧師や指導者によって担われ、その理解も深められてきましたが、こんにちのアジアの脈絡に焦点を当て捉え直した解説というものは、これまで出版されたことはありませんでした。

本書は、このような経過をたどってきた『小教理問答』をこんにちのアジアを文脈（コンテクスト）と関連付けて考える試みです。ここではルターが漠然と認識しているにすぎなかった宗教的多元論、貧困や社会的不平等、また生態系の危機、家父長制の問題など、二十一世紀の私たちに差し迫っている諸課題を念頭に置いて『小教理問答』の視野を広げようとしています。本書の執筆者は全員がアジアのバックグラウンドを持っており、従来の『小教理問答』の解説ではあまり取り上げられることのなかった主題を幅広く取り上げています。とりわけキリスト教信仰に馴染みのない人たちや信徒として日の浅い方たちにとって有用な学びとなることを願っています。

学びやすさを考慮し、はじめにルター自身の『小教理問答』の解説を読める構成にしてあります。続いてアジアの文脈に立った解説が記されています。各節の終わりには、グループディスカッションができるよう設問があります。なお本書は「十戒」「使徒信条」「主の祈り」「聖なる洗礼の聖礼典」「聖壇の礼典」という順番で解説していますが、これはルターの『小教理問答』の構成に合わせています。

「アジア」とは何を意味するのか?

アジアという大陸は、人種、文化、言語、経済、政治、宗教など非常に大きな多様性を持っていることに注意を払いたいと思います。この巨大な多様性を背景に、神学的なトピックをアジアの文脈で説明し適用するには、必然的に一般化せざるをえません。本書で述べられている一般的なコメントや主張では言い尽くせない例外的な状況や事柄も見られることでしょう。各セッションにあるディスカッションのための設問に取り組んでいただくことを通して、それぞれの地域や文化、宗教や政治の固有な文脈により接近して考えてもらえるように工夫しています。

また本書でアジアやアジア系の人たちというとき、アジアに住んでいる人たちに限定して考えているわけではありません。むしろアジア系の人たちは、世界中様々な場所に存在していることを意識しています。アジアの価値観や文化的慣習を守り保持しているアジア／アジア系の教会は世界各地に存在し、また移民を通じて西欧諸国にもそのような教会は増えつつあります。したがって、本書の「アジア」は地理的・領土的な意味に限定されているわけではありません。むしろ「アジア」とは概念であり、「アジア人/アジア系の人々」とはアジアで生まれた価値観、歴史、遺産、世界観、文化的慣習などお互いに深い違い相違があるにもかかわらず、共有している部分がある人々のことを指しています。

最後に、本書はアジア系のルター派神学者たち（アジアとアメリカ）によるプロジェクトであり、共同の執筆から様々なスタイルの文章、異なる視点、特定の文脈から引き出された数々の類比や解説があることに気がつかれることでしょう。それぞれの原稿は執筆者の間で共有され、相互に批評、書き直しを重ねてきましたが、それぞれの文化的、民族的、国民的各自の文化的背景を尊重してきました。ソングラム・バスマタリー氏（インド）、マンヘイ・イップ氏（香港/米国）、ポンサック・リムトンビラトン氏（タイ/米国）、ビクター・ティナンブナン氏（インドネシア）、J・ポール・ラジャシェカー氏（インド/米国）、宮本新氏（日本）がこのプロジェクトの執筆者になります。

この本の編集者として、各執筆者の神学的視点を維持しつつも読者に親しみやすい本になるよう可能な限り首尾一貫した編集に努めました。ルターの『小教理問答』の内容を考えると、本書の解説に重複部分や、冗長な箇所があると思われるかもしれません。しかし誤りや不十分な点、また不明瞭な部分があれば、それらは編集者である私の責任です。短期間で本書を実現するために尽力してくださった執筆者の方々に深く感謝します。

謝辞

このプロジェクトを立ち上げ、後援してくださったアメリカ福音ルーテル教会のアジアルーテル国際会議（ＡＬＩＣ）とアジア・太平洋諸島協会（ＡＡＰＩ）、またアメリカ福音ルーテル教会（ＥＬＣＡ）に感謝の意を表します。とりわけＥＬＣＡのアジアミニストリーのプログラム責任者であるポンサック・リムトンビラトン博士はこのプロジェクトの実現のために働きかけをしてくださいました。

このプロジェクトは、ＥＬＣＡの議長室からの助成金によって実現しました。ＡＡＰＩとＡＬＩＣを代表して、エリザベス・イートン主教がこのプロジェクトを支援し、そしてそれがルターの教理問答書をＥＬＣＡの諸教会で学ぶことを促進したことに深く感謝したいと思います。

私の妻であるエスター・ラジャシェカーは、時間を割いて原稿全体に目を通し、編集上の貴重な提案をしてくれました。また、ＥＬＣＡのアジア人コミュニティーの研究者として尊敬されているエドモンド・イー博士には、原稿に目を通していただき、また改善案をいただきました。これらのお働きにも感謝します。

フィラデルフィア合同ルーテル神学校のジェームズ・ジーベル氏には、言語編集の面でお世話になりました。執筆者の一人でもあるソングラム・バスマタリー博士には、インドの出版社との連絡役を担ってくださいました。これらの尽力にも感謝の意を表したいと思います。最後に、クリスチャン・ワールド・インプリント社（ニューデリー）には、本書の組版と印刷を効率的かつ迅速に行っていただいたことにお礼申し上げます。

この小著が教会の働き、とりわけアジア宣教のために用いられることを願い、祈っています。ただ神にのみ栄光あれ！

フィラデルフィア合同ルーテル神学校

J・ポール・ラジャシェカー（J. Paul Rajashekar）

一　十戒

はじめに

十戒とは、宗教的観点から述べた生活上の一連の規則のことである。ユダヤ教やキリスト教の信仰と倫理の基礎となるこれらの戒めは元来、神がイスラエル人にモーセを通して与えたものである。イスラエル人にとって、十戒は礼拝や日常生活に関わる「すべきこと」や「してはならないこと」であり、ヘブライ語聖書（旧約聖書）では十戒が「契約そのもの」として表現されている。出エジプト記二〇章一―一七節と申命記五章一―二一節の二か所にはその具体的な記述が見られる。

出エジプト記は、神がシナイ山でモーセに十戒を授けたと伝えているが、申命記ではその山はホレブ山になっている。おそらく同じ山に二つの異なる名前が付けられたためであろう。いずれにせよ、イスラエル人が敵の手から逃れ、聖なる山という安全な場所にたどり着いた場面で、十戒は授けられている。神からの契約として十戒が与えられたのである。

ここで十戒の予備知識について若干の確認をしておきたい。まず十戒のオリジナルに正式な順序・配列があるわけではない。伝承史において幾つかのバリエーションが存在する。たとえば、前半の一―四戒は、「心を尽くし、精神を尽くし、力を尽くして神を愛する」という聖句があるとおり、神に関する戒めであると長らく考えられてきた。この場合、後半の五―一〇戒が隣人愛に関する戒めとなる。しかしルターの『小教理問答』の順序と配列は少し異なっている。一―三戒と四―一〇戒という区分けになっており、ルター派の伝統はこの区分方法にならっている。こうした多少の違いはあるものの、十戒には神に対する次元と人間に対する次元があること、かつ両者は不分離の関係にあることはどの伝統においても変わらない点になる。イエスは、「心を尽くし、精神を尽くし、思いを尽くして、あなたの神である主を愛しなさい」と「隣人を自分のように愛しなさい」を間髪入れずにつづけて、「律法全体と預言者は、この二つの掟に基づいている」（マタイ二二・三四―四〇）とお教えになられた。十戒もこのような脈絡から理解されるべきであろう。

もう一つ確認しておきたいことは、キリスト教においてもこの十戒は重要であるということだ。十戒は霊的に健やかであること、またその成長に欠かせないものである。聖書の時代もこんにちも、この十戒には社会正義を基礎づける役割がある。信仰を理解し、実際に信仰生活を送るためにも十戒は必要である。主イエスに従って歩みたいならば、その原点に相当する教えがここに書かれてある。確かにイエスは当時の凝り固まった宗教的戒律からの解放を説いたが、十戒を守る義務を解かれたわけではなかった。十戒の有効性を認め、真に神の義を求める者であれと教えられたのである。

第一戒

あなたは他の神々をもってはならない。

『小教理問答』
問い　これはなんですか。
答え　私たちはすべてのものにまさって神を畏れ、愛し、信頼するのだよ。

第一戒は、他のすべての戒めの土台に相当する。ルターは『大教理問答』において第一戒について次のように解説している。「この第一戒が最も重要で（先に述べたように）、心が神に対して正しい関係に立って、この戒めが守られるならば、他の戒めはすべてこれに従っておのずと満たされるからである」（『大教理問答』五四六―五四七頁）。

この第一戒から第三戒は明らかにユダヤ教の一神教の伝統に根ざしているが、擬人化された神理解を超えている部分もある。真の信仰と信頼こそが求められており、命の源である唯一の神を信じ、信頼を寄せ、この神にしっかりとつながることが求められている。したがって、他の神々を持たないことや、偽りの神や女神の崇拝といったような偶像崇拝の禁止ではなく、神への畏れと愛と信頼にこそ焦点があたっている。他方で、ルターの解説には神のアイデンティティーや属性、またジェンダーの表現について多くが語られているわけではない。これらのことは、使徒信条（第一条）と主の祈り（第一の願い）のところであらためて考えることにしたい。

たしかに十戒は偶像を作ることも崇拝することも禁じているが、『小教理問答』の主眼は神を畏れ、愛し、信頼する点にある。この神を畏れ、愛し、信頼することを阻む要因として、偶像もまた真剣に考えられるべき事柄になる。これは、出エジプトの解放物語以来ずっと継承されてきたことである。畏れるとは、王や主人に対して奴隷のようにひざまずくことでもなければ、ひれ伏すことでもない。ましてや罰を恐れ、怯えるようなことでもない。神がただ神ご自身に誠実であられることに畏敬の念を抱くことである。私たちを愛し、すべての悪から解放してくださる神への心からの信頼であり、栄光とほまれとをこの神に帰することである（主の祈りの第七の願い参照）。なぜなら、神はイスラエル人に怒りをぶつけ罰をくだすような神を啓示されたのではなく、苦悩する魂の叫びに耳を傾ける神であり、あらゆる悪から自由にし、愛と赦しをもたらす共感共苦の神としてご自身を現されたからである。
『大教理問答』もまたこの第一戒「他の神々を持ってはならない」の解説ではじまっており、以下のように述べている。

ひとりの神とは、人間がいっさいのよいものを期待すべきかた、あらゆる困窮にさいして避け所とすべきかたである。したがって、ひとりの神を持つとは、ひとりの神を心から信頼し、信仰することにほかならない。私がしばしば述べたように、ただ心の信頼と信仰のみが神と偶像の両者をつくるのである。信仰と信頼とが正しくあれば、あなたの神もまた正しいのである。反対に信頼が偽りであり、正しくないところではまことの神もまたおられない。なぜなら、この二者、すなわち信仰と神とは相ともに一体をなしているからである。そこで、（思うに）今あなたがあなたの心をつなぎ、信頼を寄せているもの、それがほんとうのあなたの神なのである。（『大教理問答』五三七―五三八頁）

ルターはここで、私たちの信頼の拠り所に焦点を当てている。特に「マモン（の神）」という非人格的なものが意識されおり、金銭や物の所有から得られる幸福感や安心感について指摘をしている。これらは、偶像の中でも最も強力なものと考えられている。その他に、権力や名誉、知識や友情でさえも、人がそれらを欲するあまり、自らの〝神〟となる危険があると述べている。

さらに権力や支配に信頼を置くこと、富を所有すること、また幸福や喜び、そして安寧でさえも偶像崇拝（信頼）の誘いとなることが指摘されている。ギリシャ神話でジュピターやヘラクレス、メルクレウスやヴィーナスといった神々、そして聖人や魔人など次々と創作されたように、思い思いの神についての見解を抱いて夢想することから様々な信頼が生まれることが問題視されているのである。刻まれた像を拝み崇拝することの是非が論じられているのではない。被造物や聖人といったものから助けや慰めを得ようとする心の問題が論じられているのである。あらゆる良いものが神に由来することも、その源である神を見ようとしないことも、間違った礼拝に関わることになる。

さらにルターは、誤った礼拝から生じる偶像について教えている。教会の中においても、神以外に功績が帰せられ、それに基づいた秩序と実践が織りなされる現実をルターは知っていたからである。ここでもルターの勧告は、まことの神を信頼することに尽きる。健康や日々の食物が与えられ、暮らしが守られ、平和が保たれ、そして生命を支えるために必要なものは神にのみ期待し求められるべきだ、と説いている。これらはみな神から来るものであり、またあらゆる悪から救ってくださるのもこの神である。このような神とそのみ業を認め理解することは、同じく神が創造された自然や隣人を通じて、こうしたよいものがもたらされるということを意味する。それゆえ第一戒は人々に心から神を呼び求め、また信頼することを説いているのであり、礼拝とはその神だけを畏れ愛する行為を意味する。

◆第一戒とアジアの視点

アジア圏において、いたるところに神々や神的なるものが敬われ、また崇拝されている。そこで神は唯一のお方であることを認め偶像から遠ざかることとは、それ自体が大きな挑戦となり、また深刻な葛藤にもなる。アジアの諸宗教や霊性の実践を偶像との関わりで理解し、多神教に対しキリスト教が警戒するのは珍しいことではない。しかしここではより正確な理解を求めたい。アジアには、二千年以上にわたる宗教や哲学の伝統があり、神や〝究極的現実〟について深く考えられてきた。そこに汎神論的な考えもあれば、有神論、一神論、一元論、多神論、さらには不可知論や無神論に至るさまざまな思想形成が見られる。たとえば、シーク教には厳格な一神教の伝統があり、他方で仏教には一神教からさらに神そのものを考える問題を捉えている。むしろ、人間の苦の現実に焦点を当てる伝統が築かれてきたのだ。アジアの多様性にはこういった思索思想の多様性が含まれているのであり、アジアの宗教的伝統は多神教的だ、などと一括りにすること自体が不適切であろう。特に近世以降の西洋からの宣教には、そのような無理解から他宗教とその伝統の真理性を認めず、多神教的であることを忌み嫌い、その反面、自らの優位性を正当化してきた歴史がある。宣教や布教に熱心になり、キリスト教信仰の独自性を主張しようとするあまり、他の宗教の思想信条を否定し、中傷することもまた数多くみられてきた。

こうした見方や態度は、他の信仰を持つ人々を不快にさせるだけでなく、独善的に自らの優位性を主張する悪しき姿を露呈している。このような事態からアジアのキリスト者が自分たちの文化や宗教の伝統から疎外されていると感じ、第一戒こそがアジアの宗教的伝統を否定していると思わせる脈絡が生じている。アブラハム系の伝統（ユダヤ教、キリスト教、イスラム教）は、それ以外の信仰を忌み嫌ってきた歴史的傾向がある。この傾向がアジアの脈絡におかれるとき、諸宗教の見方もまた独特なものになったのではなかろうか。この第一戒は、本当に他宗教やその伝統を断罪するものであるのかどうかを再考することは、私たちの課題ではなかろうか。

こうした宗教的多元状況をルター自身が積極的に取り上げているわけではない。アジアの宗教の多元的状況と、そこでキリスト者が直面する神学的な問題について、ルターが直接答えを差し出していると考えると期待外れであろう。既に述べたとおり、ルターの強調点は、唯一神や多神教のことでもなければ、無神論ですらなかった。なによりも私たち人間の信頼と心のよりどころが神に置かれるところにあった。ルターが信じていたのは、神はただお一人であり、多くの神々がいると信じることはその信仰に反することであった。したがって、キリスト教の神、イスラム教の神、ヒンドゥー教の神などがそれぞれに存在すると信じるならば、それは多神教の問題にかさなり、キリスト者は再考すべきことになる。すべての創造主である神の唯一性は聖書の基本に関わることであるが、それは文化や宗教の多様性に関わる事柄であるがために、その唯一性の理解が様々な形を取ることは必然的である。この点について、パウロがコリントの信徒に与えたアドバイスは、アジアの文脈においても参考になる。

> 四そこで、偶像に供えられた肉を食べることについてですが、世の中に偶像の神などはなく、ま
> た、唯一の神以外にいかなる神もいないことを、わたしたちは知っています。五現に多くの神々、
> 多くの主がいると思われているように、たとえ天や地に神々と呼ばれるものがいても、六わたした
> ちにとっては、唯一の神、父である神がおられ、万物はこの神から出、わたしたちはこの神へ帰っ
> て行くのです。また、唯一の主、イエス・キリストがおられ、万物はこの主によって存在し、わた
> したちもこの主によって存在しているのです。（一コリント八・四―六、強調は引用者）。

このようなパウロの記述によるならば、キリスト者は、他者の信仰やその理解を否定し裁くことに慎重でなければならない。先に述べたように、多くの神がいると考えることは、キリスト教徒の一神教的な信念に反しはする。しかし、唯一の神が存在するにもかかわらず、神に対するさまざまな認識、

イメージ、シンボル、属性、表現が存在することまでが否定されるわけではない(信条の第一条も参照)。実際、キリスト教徒を含む宗教者の間では、神を理解する上で様々な可能性が残されているのである。

キリスト者は、他宗教の人々が表現する神認識の違いを拒否し反論するのではなく、異なる方法で神の唯一性をどのように共有し、告白できるのか、その可能性を探し求めるほうがよいだろう。神の唯一性を告白することは、他の宗教的信念や神々の名前に対抗し反対するものであってはならない。アジアの文脈では、キリスト教の神の証しとは、神がイエス・キリストにおいて私たちのためにしてくださったことを積極的に証しするのであって、他の宗教的信条を否定するために証しがあるわけではない。

ルターの解説によると、「他の神々」という表現は、マモン、権力や支配、教会の伝統や慣習など諸々を指している。そこで説かれていることは、自分自身や自分が勝手に思い描いた神ではなく、ただまことの神を「畏れ、愛し、信頼する」ことである。アジアのキリスト者は神への畏れと愛と信頼を日々の暮らしの中でどのように具体化できるかが本当の課題である。

現代の世俗主義、消費主義、そして市場経済の影響下にあるアジアの人々の暮らしの中から、神や聖なるものへの信仰や畏敬の念が失われつつあるように見える。その人の信仰の有無にかかわらず、人生の究極の目標がマモンや富、所有物や権力を追い求めている人たちも多く見られる。そこでこの「他の神々を持ってはならない」という戒めは、ただ他宗教の神々というよりもむしろ、聖書が説き明かす正義と慈しみの神をいかに信じるかが意識されている。この神のほかには他の神々は存在しない、というところにこそチャレンジがある。この神を畏れ、愛し、信頼することは、正義を実践し、親切を旨とし、へりくだる心をもって人々と共に歩むことを意味するからである（ミカ六・八参照）。

こうした第一戒にある偶像崇拝の深い精神世界を認めるならば、アジアの精神性がこれと交わらないなどと考える必要はない。偶像問題の深層は、神を概念として扱い、自分たちの思考の枠組みで神を理解しようとする試みにある。アジアには、このような試みを見抜いて、その一線を越えないように警告する精巧な神学的伝統もある。木や石や金属で作られた像を単純に崇拝し、究極なるものと混同しているわけではない。それらを通じて、人間の想像や枠組みを超えた現実を指し示そうとしている。目に見えない超越的な存在である神に心を向けるためのシンボルの意義がそこでは認められているのである。

キリスト者であるという理由から、人は偶像から自由であるわけではない。実際、教会もまた、祭壇の上に十字架を置き、聖書の物語を描いたステンドグラスを設置し、イエスの肖像画や絵画などを公私ともに利用している。これらは、私たちの心を神に向けるための象徴として有益に用いられることもあれば、逆に、私たちの心を捉え束縛するものになるかもしれない。いずれにせよそれらは、人間の知識や理解を超えた存在である神を理解しようとする試みであり、その表現にすぎない。

したがって、他宗教の人たちのことを十分に理解することもなく、独断から非難することのないよう十分に注意したい。むしろ、私たちキリスト者自らが十戒の偶像崇拝から自由ではないことを自覚した方がよい。そこで、私たちは自分自身でもなければ、自らが作り出した偶像でもなく、ただ神を畏れ、愛し、信頼するようにと呼びかけられている意味を学ぶのである。

❖学びのために

1 「他の神々はいない」はみなさんの暮らしの中でどのように理解されていますか?
2 第一戒の「唯一の神」はどのようなお方でしょうか?
3 十字架、イコン、イエス・キリストの肖像画、また聖礼典のしるしや象徴などは偶像崇拝とどのように区別されるでしょうか。そうした混同はないとどうしたらいえるでしょうか。

第二戒

あなたはあなたの神の名をむやみに挙げてはならない。

『小教理問答』

問い　これはなんですか。

答え　私たちは神を畏れ、愛するのだ。だから私たちはそのみ名をもって呪ったり、誓ったり、偽ったり、騙したりしないで、かえってすべての困窮の中でそのみ名を呼び求め、祈り、賛美し、感謝するのだよ。

神を畏れ信頼することの大切さを伝える第一戒につづいて、第二戒は神のみ名を粗末に扱う危険を指摘し、どのように注意したらよいかが述べられている。神を畏れ、愛し、信頼するとは、自らの心と魂と精神を尽くして神を愛し、み名を讃え、栄光を神に帰することである。この点について『大教理問答』は次のように述べている。

たとえどんな方法であるにせよ、主なる神の名を虚言やさまざまの悪徳の目的のために唱えるのであれば、それがすなわち神の名を乱用することであると。だからこの戒めの命じていることは、心が事実と相違することを知っていたり、あるいは当然知っていなければならないときに、神の名を不正に引き出したり、口にあげたりしてはいけない、と言うにひとしい。たとえば、法廷で宣誓する人々の間によく起こることであるが、一方が他方に対して偽誓をすることなどがその例である。神の名を用いて、嘘、偽りを言うほどにひどい乱用はない。(『大教理問答』五四七頁)

このように述べてから、さらにみ名がどのようにして不当な扱いを受けるのかを説明している。それがもしお金や物の取引に関わることならば、だれかの評判や名誉といった世間的なことに絡んで生じる場合がある。法廷や商取引では、真実ではない約束が神のみ名において交わされることもある。また、結婚という場でみ名がみだりに唱えられることもある。正すべき慣習に則って結婚が行われ、そこでみ名による誓約が交わされているならば、それもまた問題である。

み名がみだりに唱えられる場面は他にもある。ルターは良心と霊的な事柄においてもそのようなことが起こると指摘している。たとえば、説教者が嘘を述べたり、みことばを曲解し伝えていることがそれに該当する。神を畏れることもない不信仰だけが欺瞞と言われているのではない。公然と、みことばと真理をおろそかにする人たちのこともまたこの欺瞞に相当する。

人がうそ偽りを述べながら自己正当化を試みることも、神のみ名がみだりに唱えられている事例になる。呪い、誓約、祈願など、心にあるよこしまな思いからこれらを行うとき、み名が利用されているからである。「あなたの神の名をむやみに挙げてはならない」には、「〜してはならない」という禁止だけでない。み名を心から唱えることが大切であり、その積極的な面も見逃されてはならない。ルターの考えでは、誓いというものは、間違った目的のものと、隣人のためになるよいものとがある。この場合、誓いは、神のみ名がほめたたえられ、真理と公正が尊ばれ、従順と和解とが実現し、平和に資するよい業となる。

以上のように『小教理問答』は、それぞれの戒めを注意深く吟味し、人々をたゆまない実践へと押し出そうとしている。教理問答を学ぶことは、人が神のみ名を唱えることで虚偽や悪事を支えることのないよう自らを見つめ律する鍛錬の機会にもなるであろう。こうして神のみ名を心からたたえることは、隣人を尊び支え合うことと切り離せない関係になっている。

◆第二戒とアジアの視点

人の名前には重要な意味がある。なによりもその人のアイデンティティーに関わることであり、文化や部族、言語やカースト、そして家族といった背景を伝えることもあれば、その人が体現している長所や徳目を表わしている場合もある。こうした考えは、神々や神的なものの名前にもあてはまる。その神の性質や働きを表わしているからである。

イエスのお名前は「彼は救う」であった。モーセは神の名前を知ることに熱心であった（出エジプト三・一三―一七）が、神は、「わたしはある。わたしはあるという者だ」（一四節）をその答えとされた。しかし、つづいて次のように述べておられることに注目したい。「これこそ、とこしえにわたしの名　これこそ、世々にわたしの呼び名」（一五節）であると。この神の名前の発音は許されておらず、四つのヘブル文字が表記されることになった。キリスト教ではそれを「ヤーウェ Yahweh」や「エホバ Jehovah」と訳している。いずれにせよ、神の名前は聖なるものであるから、無為に唱え粗末に扱うようなことは決してしてはならないと教えられてきたのである。

しかしながら、このような教えを聞かされていても、人間には嘘を付いたり、呪ったり、過ちを行う場面で神の名を都合よく唱えてしまうことがある。「一切誓いを立ててはならない……あなたがたは『然り、然り』『否、否』といいなさい。それ以上のことは、悪い者から出るのである」（マタイ五・三四、三七）とイエスが教えておられるのは、そのような現実をよくご存知だったのではなかろうか。さらに、み名において暴力や争いをあおりたて自分たちを正当化することがあり、このようなことが宗教間で行われるとき、事態はさらに一層悪くなる。キリスト教の歴史もまたこのような罪深さからまぬがれているわけではない。宗教的熱狂主義は、（時に神のみ名において）礼拝所の破壊や民族浄化、宗教的少数者の迫害、そして暴力と争いを扇動することがある。このような神のみ名に関わる残虐行為が歴史上多くみられるが、それはまた第二戒を軽んじ違反する歴史であるともいえる。

私たち一人ひとりの名前が両親や家族によって与えられた貴い贈物であるように、キリスト者は洗礼時に新たな名を授けられている。神は私たちの名前に目を留め、神ご自身の名前と同じくらい深く関心を持たれておられる。神のお名前とは私たちにとって賜物であり、み名を通して与えられた命や被造世界の賜物に感謝をささげ、ほめたたえることができるのである。その反対に、神のみ名をほめたたえることができないとき、実は私たちに与えられている神からの貴重な賜物を見失い、拒絶しているときでもあるのかもしれない。

❖学びのために

1　みなさんの文化や暮らしにおいて、神の名がみだりに唱えられるとはどのような意味があるでしょうか。

2　みなさんの暮らす社会では、神の名に関わる宗教間の争いはどのように受けとめられていますか。

3　神の名をほめたたえるふさわしい方法にはどんなことがあるでしょうか。

第三戒

あなたは安息日を聖としなさい。

『小教理問答』

問い　これはなんですか。

答え　私たちは神を畏れ、愛するのだ。だから私たちは説教やみことばを軽んじないで、かえってこれを聖く保ち、喜んで聴き、学ぶのだよ。

神のことばの説教は聖なるものである。だから喜んで耳を傾け、大いに学ぶべきものがあると『小教理問答』は述べている。ところがここでは、安息日を聖とすることについてなにも述べられていない。安息日（シャバット）は、ヘブル語で「休息」を意味するが、「働くことを止める」や「労働を控える」がその意味に含まれている。安息日とその遵守の起源は創世記の創造物語にあり、そこで神はあらゆる創造の業を成し遂げた七日目に休息し、その日が聖別された（創世記二・二―三）。出エジプト記や申命記では、安息日をイスラエルの人たちに対するとこしえの契約として神ご自身が結ばれたものである。とりわけ二つの出来事がそこで重要になってくる。神の創造物語とエジプトからの脱出物語である（出エジプト二〇・八―一一、三一・一三―一七、申命記五・一二―一五）。さらに、安息日や休息という聖書の考えは人にかぎらず、大地もまたその対象となる。レビ記では、第七の年の休閑について述べられていて、種まきや剪定、そして刈り入れも禁じられている（レビ記二五・三―五）。

週ごとの安息日は、当初は手先の労働から休息することが考えられていたが、のちにユダヤ教の律法理解が発展し、礼拝を守ることや法的な遵守といった拡大応用がなされた。それがあまりに律法的になり、安息日を守らない者やその日に働く者たちを共同体から追い出し、時に処刑するまで事柄は進んでいったのである（出エジプト三一・一五）。

厳しい宗教的遵守は安息日の当初の意図からかけ離れている。それは端的に第七の日に割り当てられた休息であったのだから。骨折り仕事をする人々が心身を休め、元気を取り戻すことこそが真意であったはずだ。関連する福音書の箇所もまた、表面的な遵守ではなく、真に隣人愛の必要性が説かれている。しかもそれは神が私たちにもっとも求めておられることである、とキリスト教は理解してきた。したがって「安息日を聖とせよ」もまた、表面的で律法的な遵守が説かれているのではない。

ルターによれば、休息とは、日々重労働を担い骨の折れる仕事を果たす一般の人たちのためのものであり、とりわけ当時の召し使いの人たちのことが考えられていたようである。真に安息日を必要とするのは重労働を担う人たちであり、その身体の癒しこそが第一に考えられるべきであると。人々はそこで元気を取り戻し、リフレッシュすることがこの戒めで意図されていたのである。問題の根っこは、休息が疲れた者にこそ必要であるという認識にあり、少なくとも週に一度はそのような人たちのために取りおかれた日を設けよ、という点に尽きる。

他方でこの戒めは、ただ休息せよといっているわけでもない。安息日が〝聖とされる〟こともまた求められているからだ。では一体、どのようにしたらこの戒めを守ることになるのだろうか。ルターの考えはこうである。私たちはこのために何か特別なことをする必要はない。むしろ私たち自身がまず神のことばに耳を傾け、そしてみことばを通して聖とされることが必要である。したがって安息日を聖とするとは、みことばを聞くことによって成し遂げられるのである。このことを別の角度から考えると、聖とは、私たちが戒めを遵守し得られるものでもなければ、なにかを成し遂げ達成するようなものでもない。聖性とは、人間の側にある表面上の遵守ではなく、神のことばに属するものである。

しかしそう言われると、今度は、ただ安息日に聖なる言葉を聞いてさえいれば、その日が聖であると考えてしまうのも人間である。むしろ焦点は、「私が聖であるからあなたもまた聖である」という神のみ心に向けられるべきであり、聖とされるのは日にちではなくて、人間である。もし聖というなら安息日はすでに聖である。聖別を必要とするのは、日にちではなくて、我々人間であり、問うべき問いは、私たちはどのようにして私たち自身を聖とするかにある。ルターにとって、信仰者はみことばに捉えられている存在であり、そこで神を畏れ愛し、そして隣人に仕えることへと自らが押し出されていくのである。

それゆえに、安息日が聖とされるために、自分に与えられている自由と時間を神礼拝（神奉仕）に用いることがカギになる。そこで共にみことばに耳をかたむけ受け取るものがある、というわけだ。そして神のみ名を賛美し、祈りをささげるために集うのである。このような日は実際にはどの曜日でも起こりえるし、ある曜日が別の曜日よりも価値があるなどと考える必要はない。多くの社会で日曜日が休日となっているから、この日に人々は集まるのであり、そこでみことばに耳を傾け、その喜びに与るのである。

◆第三戒とアジアの視点

この第三戒は、圧倒的に敬虔主義的な意味合いで理解されている。すなわち、日曜日に礼拝し兄弟姉妹と交わりを大切にすることこそが、この戒めを守っている、という考えである。この考えには、安息日に本来備わっているはずの社会的で経済的な脈絡が抜け落ちている。信仰者間で第三戒が話題に上がるのは、「仕事か休日か」、「休息か礼拝か」、「土曜か日曜か」といった問題や、これらをめぐる混乱やジレンマがほとんどのケースになる。さらにアジアのキリスト者特有の宗教や政治のコンテクストもこれに加わると、安息日をめぐる神学的で聖書的な理解が深められることは容易ではない。

すでに述べたとおり、安息日本来の意味は純粋に労働からの休息である。休息するのは人間だけでない。動物や命ある自然にとってもまた絶対に必要なものである。休息なき労働も、休閑なき耕作も、やがては枯渇へと至り、人も動物も、そして土地もその実りもすべて台無しになってしまうからである。このような安息日とその戒めを通じて、まだまだたくさんの守られるべき課題が明らかになる。

この戒めには、もともと解放のモチーフが刻まれている。休息が律法として認められているのである。土地を追われ奪われた人々や負債を抱えた人たち、また奴隷とされた人たちの解放の年を認め許容することが意図されている。当時の社会で隅へと追いやられていた人々が自らの生活を新たに歩み直す機会を得、他者と対等な関係で歩み直す仕組みが安息日遵守にある。古代から存在した聖なる年（ジュビリー・イヤー）という考え方には、部族間の聖地の保護や、様々な不義や隷属をしりぞけるところに意図がある。土地は神に属し、イスラエルの子もまた神の奉仕者であるという考え方が基本である（レビ記二五章）。

安息日の戒めは、アジアの視点においては、急速な工業化や市場経済、そしてこれらに伴う貧困や困窮者の問題に関連付けて考えられるべきである。たとえば、安息日である礼拝を日曜日にするか土曜日にするか、あるいは他の曜日にするかを考える場合、それはただ抽象的に決められるべき事柄ではない。日々の務めとその賃金に生活がかかっている貧しい人たちや工場で働く人たちが十分に休息を得られているかどうかは、肝心な点になる。こうしたことを無視しないところで、神からの賜物を受け取り、賛美し礼拝する時間が大切にされるべきではなかろうか。

安息日の解放のモチーフは、人間だけに限定されてはならない。動物や自然界全体もまた神の被造物という視野で捉え直すべきであろう。この点を真剣に考えるならば、安息日の遵守とは、経済問題に取り組むことでもある。被造物のうめきを聞き取り、未来の他者に向け地球の豊かさを保持することでもあるからだ。

❖学びのために

1　アジア圏のキリスト者として、第三戒をどのように理解しますか。この戒めから安息日を聖とすることが大切なのでしょうか。それとも私たちを聖なる者とすることが大事なのでしょうか。

2　イエスが教えられた「安息日は、人のために定められた。人が安息日のためにあるのではない」（マルコ二・二七―二八）をどのように理解しますか。安息日は休息し礼拝をすることが重要であるのか。それとも、貧しい人とその困窮のために働くことこそが安息日遵守にかなうことでしょうか。

3　みなさんにとって安息日遵守はどんな意味があるでしょうか。

第四戒

あなたはあなたの父と母とを敬いなさい。

『小教理問答』

問い　これはなんですか。

答え　私たちは神を畏れ、愛するのだ。だから私たちは私たちの両親や主人を軽んじたり、また怒らせたりせず、かえって彼らを敬い、彼らに仕え、従い、愛し、尊ぶのだよ。

これまでの三つの戒めが神をめぐるものであるのに対して、この第四戒からは隣人に対する戒めになっている。まず両親について。もし子どもが両親を敬い尊ぶことを知らないなら、どのように人は神を敬い、また周囲の人を尊ぶことができるだろうか。この地上においてもっとも身近な尊ぶべき〝隣人〟として父母がいる。この隣人である父母とどう関わるかは、神を信頼し尊ぶことと決して無関係なことではない。

ルターは、「神を畏れ愛すること」に立ち戻り、それから父母を尊ぶことについて説いている。まずここでの解説は父母を「軽んじない」ことが説かれ、さらに当時の社会で権威ある人達のこともここで言及されている。子どもたちが親をないがしろにしたり、怒り悲しませてはならない。むしろ父母を尊び、大切な存在として接することが求められている。このような考えはいったいどこから来ているのか。それは神を畏れ愛する十戒から生まれる、というのが教理問答の要点である。

子が親を尊ぶとは、ただ気持ちで尊敬するというよりもっと具体的なことである。愛すること、従うこと、仕えること、そして怒り悲しまることを避け、ないがしろにしないことが具体的に「尊ぶ」ことになる。親を愛し仕えること以上の尊敬の形はない。『大教理問答』ではさらに詳しく何点かに分けて次のように説明している。

まず第一に、この戒めに要求されている両親を敬うとはどういうことであるかを学ばねばならない。すなわち、それは両親を地上最高の宝として、何ものにもまさって尊重せよということである。第二には、言葉の上でも、両親に対して礼儀正しくし、どなりつけたり、けんつくを食わせたり、がみがみののしったりなどせず、両親の言葉を正しいと認め、たとえ両親に行きすぎの点があったとしても沈黙せよということ。第三には、実際の行い、すなわち、からだと物質においても、両親に対し尊敬の実を示し、よく仕え、よく助け、両親が年老い、病み、弱り、あるいは貧しくあるときにはよく面倒をみ、しかもそれらすべてのことを喜んだりするばかりでなく、神の前におけるがごとく、謙虚と恭敬の念をもってせよということである。両親をいかに心に留むべきであるかを知っている者ならば、両親を窮乏飢餓に会わせるようなことはせず、わが身離さずこれに仕え、自分の持ちもの、また自分の力に及ぶいっさいのものをわかち与えるであろう。(『大教理問答』五六〇頁)

尊敬はただ気持ちの問題ではない。行為に関わるものである。親が老いたり病むとき、子どもは喜んで助け、支えるのがよい。謙遜と敬意をもって神に奉仕するのと同じように親にもまた接するのがよいであろう。こうした戒めが十分に守られるならば、修道制も霊的職制も必要なくなるというのがルターの考えであった。

この個所であわせて言及されている当時の権威ある人たちとは、一体どのような人たちのことであろうか。『大教理問答』において、ルターは仕える者たちの責務について詳しく述べている。主人に対してはただ従うだけでなく、両親に接するように仕えるようにと教え、すすんで期待に応え、できるかぎりのことをしたらよいと勧めている。そこでの権威とは市民的権威のことである。両親が子に対するのと同様に、食物や家や家庭、安全や保護などもまた彼らを通じて与えられていると考えていた。こうした考えは封建社会を前提にしていることをこんにちの私たちは心得ておかなければならない。人間を上下関係で理解し階級秩序から成り立っており、こんにちの民主的な価値観や近代社会の諸規範と相いれないところもある。したがって、こんにちのキリスト者がこのようなルターとその時代の社会秩序や政治哲学の前提に縛られることもなければ、その必要もない。

そのうえで、「両親」をめぐり理解しておきたいことが二つある。一つは血縁における両親のことであり、もう一つは公共における「両親」なるものである。一方は家族のケアをする者であり、他方は公共社会をケアする者たちのことである。ルターはさらにもう一つ、霊的な両親について言及し、教皇制における両親なるものと注意深く区別している。むしろ霊的な意味における親なるものとは、使徒パウロが述べているとおり、神のことばによって人々を教え導くような人々のことである（一コリント四・一五）。

教理問答で述べられている尊敬や敬意というものは、一方的なものではなくて双方向性を伴うものであることも注意しておきたい。その点、教理問答では頻繁に両親や権限のある者たちに責任を持って関わることの大切さや警告もまた述べられている。専制君主や権威主義的な人物が求められているわけでもなければ、そのような力や権威を尊敬することがよしとされているわけでもない。むしろそのような人たちが自らを神に従わせ、自らの職務に忠実に遂行することが求められている。同様に、両親に対してもまた、子どもは彼らの手前勝手な喜びや慰めのために存在しているわけではないことを諭し注意をうながしている。その他に、主人たちが使用人を奴隷であるかのように扱ってはならないと警告もしている。

両親は子どもたちの養育に義務を負うていることも述べている。とりわけ神を畏れ信頼することを教えることは大切なことである。また子どもにその力が認められるなら、教育の機会をさらに設けて将来を開いていく責務が両親にあることも強調されている。こうした具体的な親の務めを神は祝福し恵まれるのであり、逆にこれらを怠るならば、自ら刈り取るべき結果があるとルターは戒めている。

◆第四戒とアジアの視点

第四戒には、中国文化、また広くアジア圏において長らく大事にされてきた「孝行」や「忠行」(xiao; シャオ) といった思想との接点が見られる。儒教の教えでは、孝行はただ子どもが親に服従することを言っているのではない。両親を敬うことは、具体的に日々の生活の中で親を尊ぶ姿勢を保ち、親の幸せのために努力し、病気の時には看病し、死別のときには深く悲しみ、葬儀はじめ儀礼のために労力を割くのである。

さらに意義深いことにシャオは「慈悲 benevolence」や「義 righteousness」にも深く関わっている。祖先も年配者も親も尊敬するという徳目は、アジア文化圏のほとんどに行き渡っており、祖先崇拝の実践もこの脈絡で理解されるべきであろう。ある人はこのような徳目を積極的に捉え、両親を尊敬し長寿を祝福することはシャオの実践と考えるだろう。この第四戒のユニークさは、この点において、それが父権社会の前提となる父（男）の特権ではなく、「父と母」と両性の親に言及しているところにある。実際、アジアの文化圏では、母親を父親と同じく深く尊敬し重んじる文化もまた多くみられる。

伝統的な家族をめぐる価値観が廃れ、核家族へと突き進むことによって、親子関係をめぐる文化が徐々に弱まっている現実がある。親と死別し葬る機会が尊敬の念を新たにする機会にもなる。死者を記念すること、花を手向け、食物を捧げ、お墓を清め、遺影を飾るといったことは、この文化圏において親を記念し崇敬の念を表現することになる。アジアのキリスト者がこうした文化や慣習をどう理解したらよいかは、あらためて考える必要があるのではなかろうか。

アジアのキリスト者は、民主主義や社会主義、また無神論の政府といった多様な政治体制のもとで暮らしている。その多様さの中で、たとえば人が民主的な社会で暮らしているならば、選挙で選ばれた政治家を尊敬し、また彼らに説明責任を求めることは比較的容易なことであろう。しかしまた、一党独裁の政府や権威主義的な統治のもとでそのようなことがいつも可能であるわけではない。こういった状況でキリスト者は「人は皆、上に立つ権威に従うべきです……権威に逆らう者は、神の定めに背くことになり、背く者は自分の身に裁きを招くでしょう」（ロマ一三・一―二）といったパウロの言葉をどう理解するべきであろうか。政府への抵抗や抗議というものは厳しい刑罰や拘束・投獄にいたることはアジア諸国で身近な現実である。ある国では確かに信教の自由が認められるものの、実際は厳しく制限されている。宗教団体は政府のコントロール下に置かれている場合もある。迫害や宗教弾圧のもとで暮らすキリスト者はアジア圏に存在する。こうした状況下で、ルターが示したような第四戒とその理解を受け止めるには重い課題が立ちはだかっているともいえるであろう。

❖学びのために

1　みなさんの文化において、第四戒はどう受け止められていますか。父や母を敬うことは神を敬う道に通じていると思いますか。

2　両親、そして祖先を敬う文化圏において、この第四戒にはどんな意味があるか話し合ってみてください。

3　世俗の権威権力を尊重するとは、みなさんの暮らしにおいてどのような意味があるでしょうか。

第五戒

あなたは殺してはならない。

『小教理問答』

問い　これはなんですか。

答え　私たちは神を畏れ、愛するのだ。だから私たちは私たちの隣人のからだを損ねたり苦しめたりせず、かえってそのからだの困窮の中の彼らを助け、励ますのだよ。

これまでの第一戒から第四戒までがユダヤ教／キリスト教のユニークな理解であるとすれば、第五戒からはより一般的な事象についてである。よりよい社会とその安定を求めるところで見られる内容であり、イスラムのコーランや仏教の正典、またアジア内外の宗教や哲学にも類似したものが見られる。

ここでルターが注目しているのは、キリスト者の目標が他者を傷つけることを避け、隣人の助けになるところである。この戒めは悪いことを避けるよりもむしろ、他者によいことをなすところに焦点がある。『大教理問答』は次のように述べている。

この戒めの全要旨を言えば、第一には、まず手もしくは行為をもってだれにも害を加えないこと、次には舌を用いて人を害するようなことを言ったり、勧めたりしないこと、さらには人を侮辱するおそれのある手段方法はいっさい用いたり、またそれを許容しないこと、そして最後に、だれに対しても敵意をいだかず、また怒りと憎しみの念から災いを願わないこと、したがって、だれに対しても、霊肉ともに潔白であること、特に自分に対し災いを望み、あるいはこれに加えようとする者に対してそうあるべきである、ということである。自分に善を望み、善を施してくれる者に対して悪を行うなどというに至っては人間的ではなく、悪魔的である。第二には、《隣人に対して》悪を行う者だけがこの戒めの違反者ではないということ、すなわち、隣人に善を行うことができ、隣人の身に危難災害の起らないように未然に防ぎ、保護し、救助することができながら、それをしない人間も同罪であるということである。裸の人に着物を着せることができるのに、裸のままで去らせるならば、自分がその人を凍死させたことになる。飢餓に苦しむ人を見て食を与えないならば、自分がその人を餓死させるのである。同様に、死刑の宣告を受けたとか、あるいは、それと似た危急に瀕している人を見て、救助の手段方策を知りながら、救いの手を伸べない者は自分がその人を殺したのである。そのさい、自分は人を助けるべくなんらの後援も、助言も、助力も受けなかったのだから、などと弁解してもなんらの役にも立たないだろう。なぜなら、隣人に対して愛を拒み、隣人の生命がそれによって助けられたはずの善行を隣人から奪ったからである。(『大教理問答』五七六—五七七頁)

このようにルターは、他者を傷つけないことだけでなく、積極的に他者を助けることこそが神の戒めであると解釈している。この場合、もしだれかを助けられるのに助けなかったとすれば、その人を「殺す」ことに等しいと考えられているのだ。

◆第五戒とアジアの視点

この戒めには、いのちは神からの賜物であり、かけがえもなく尊いものであるという思いが込められている。人は、神の像(イマゴ・デイ)であるという基本理解に立つなら、生命を奪うことは神をも傷つけるに等しい所業である。アダムの堕罪以後、人は神から分かたれている、という理解がある一方で、人に神の像の一部が残っているということも考えられてきた。神の像とは本来の人間性そのものであるが、その断絶が罪の力である。

もちろん、だれもがだれかのいのちを奪おうなどと考えて生活しているわけではない。むしろ人を傷つけることは自分でも気が付かないところで生じており、その点について、イエスはすでにお教えになっている。「あなたがたも聞いているとおり、昔の人は『殺すな。人を殺した者は裁きを受ける』と命じられている。しかし、わたしは言っておく。兄弟に腹を立てる者はだれでも裁きを受ける。兄弟に『ばか』と言う者は、最高法院に引き渡され、『愚か者』と言う者は、火の地獄に投げ込まれる」（マタイ五・二一―二二）。

過失や不注意による事故を別としても、日々の生活はさまざまな暴力を通じて心身にダメージを被らせている。ドメスティック・バイオレンス（ＤＶ）や拷問、性的暴力、持参金不払い殺人、暴動、憎悪犯罪、カースト差別、無差別殺人、名誉殺人などはしばしば怒りや復讐心に火を付けることになるが、これらはみな第五戒の違反の実例である。

さらにここでは自死についても考えなければならないだろう。他者の生命を奪うことと同様に、自らの生命を絶つこともまた許されているわけではないからだ。アジアの文化圏の中には、過失に対して死をもって償うことを求めたり、またそれが潔くも尊い行為とする長い伝統がある。そのためか世界保健機構のレポートでは、世界の自死者の六〇％がアジア圏であるとの報告があり、自死率の高さが指摘されている。西欧では白死の主要な要因が精神疾患にあると考えられているが、アジアでは恥をめぐる伝統文化やグローバル化、またその経済状況といった複合要因から多くの人が自死へと追い込まれている。

死刑制度もまたこの第五戒に関連して考えなければならないだろう。アムネスティ・インターナショナルによると、二〇一五年の死刑実施件数は二五か国一六三四件であり、これは一九八九年以降で最大の実施件数である（二〇一六年は二三か国一〇三二件）。こうしたレポートには、中国（年間数千件の死刑実施）、ベトナム、マレーシア（死刑実施件数が未公表）の実施件数は含まれていない。少なくともアジア一八か国で死刑制度が容認されている。こうした死刑制度の問題もまたそれが国家制度であるとの理由で第五戒の例外になるわけではない。

その他にアジア社会では、いのちのはじまりをめぐる倫理的課題が第五戒に関連して考えられるだろう。たとえば、インドや中国は、妊娠中絶に関する法律があるにもかかわらず、二〇一〇―二〇一四年のアジアの全妊娠数の内、実に二七％が堕胎にいたっているとの報告もある。ニューデリーにあるNPOアジア人権センターによると、赤ちゃんの選別や産み分けが深刻な社会問題として存在し、しばしばその選別は女児に向けられているという。その他にアジア圏では貧困や識字率の低さ、また人口過密から広く堕胎が行われ、またそうした現状が肯定されてもいる。アジアのキリスト者がこうした課題に取り組むことは、この第五の戒めを重く受け止めていることになる。

❖学びのために

1　第五戒はみなさんの暮らす社会や文化でどのようないのちの課題と関係があるでしょうか。

2　みなさんの周りには妊娠や出産をめぐる身近な問題がありますか。またどのような関わりや取り組みがありますか。

3　みなさんの社会では死刑制度や公的な暴力の問題はどのように話し合われているでしょうか。

第六戒

あなたは姦淫してはならない。

『小教理問答』

問い　これはなんですか。

答え　私たちは神を畏れ、愛するのだ。だから私たちは言葉においても行いにおいても清く貞潔に生活し、各々その妻や夫を愛し、敬うのだよ。

先行する戒めと同様に、第六戒は隣人を害することを避け、むしろ善をなすことの大切さが説かれている。教理問答では特に結婚について述べている。ルターの時代には複婚の慣習があった。そのような慣習は旧約聖書以来存在していたが、もはや受け入れがたいものである、というのがルターの考えであった。伴侶は神によって与えられたパートナーであり、そのように愛し、尊ぶことが何よりも大事なことであった。夫婦は互いを愛し、いつわりのない誠実さをもって大切にしなければならない。こうした発言の背後には、（聖書の時代と違って）婚外の性的な習慣や誘惑から、たくさんの未婚の人たちが存在し、それが社会問題になっていたのである。

『大教理問答』では、この第六戒は第四戒「父母を敬え」とあわせて考えられている。神が結婚を定められたのは、不義が引き起こされるためではなくて、お互いが真実に生きること、実りある人生を送ることが意図されていた。また子どもを授かり神の栄光のうちに子たちが成長しその養育にあたることが意図されていた。しかし、ここに当時の教会とルターとの間に見解の相違も見られた。当時、貞潔とはより清くまた祝福された生活を送る手段と考えられていたが、ルターはそのように考えなかった。むしろ結婚において人がお互いに喜びを共にすることこそが、神のみ心であると考えたのである。その喜びは、心からの喜びであり、そのためにまず相手のことを心から大切にしなければならない。そのような思いが愛や貞潔へと人をむかわせ、互いに誠実を尽くすようになると述べている。

◆第六戒とアジアの視点

古代イスラエルにおいて、女性は父親や夫の所有物のように見なされていた。もし男が未婚の女性を誘惑したならば、商取引の違反とみなされ、その女性の父親が損失を被ると考えられていたのである。これは古代イスラエルだけでなく、アジア圏にもみられる根深い慣習である。

この戒めをめぐり、聖書はいくつかの例を伝えている。もっとも知られているのは、ダビデとバトシェバの物語である（サムエル下一一章）。ダビデの不貞行為は結婚の神聖さを破壊し、家族だけでなく、コミュニティー全体に影響を及ぼすことになった。しかしながらイエスはこの戒めを取り上げてさらに厳しい見方を示しておられる。「あなたがたも聞いているとおり、『姦淫するな』と命じられている。しかし、わたしは言っておく。みだらな思いで他人の妻を見る者はだれでも、既に心の中でその女を犯したのである」（マタイ五・二七―二八）。それゆえにこの教えは厳しいだけでなく守ることが不可能な教えになる。そこで、人はできるかできないかではなく、不貞行為の根源について思いがいたるのである。不貞行為に関わるとき、その人の心に何があるのか、である。

アジアの文化的なコンテクストを考えると、不貞行為とは女性を搾取することの根本的な要因である。国連の作業チームのレポートによると、不貞行為とは女性の人権を踏みにじる犯罪行為である。ここから第六戒をアジアの文脈で考えるならば、人身売買や性的奴隷と搾取、神殿売春（devadasis）、内縁関係に、売春に性的暴力といった現実の諸問題を脇において考えることはできない。アジア諸国の中では、セックスツーリズムや性産業が人々に犠牲を強いるものであったとしても、その利益から寛容であろうとする考えが優勢である。その延長線上に児童の人身売買がある。これはアジア社会でもっとも悪質な行為ではなかろうか。

二〇一一年のエイズに関するアジア委員会（the Asian Commision on AIDS）の報告によると、アジアには一千万もの人々が性産業に従事している。さらにその報告では、東南アジアのメコン流域で売春に関わる人たちの三〇～三五%は、一二歳から一七歳という若年者であることが報告されている。アジアの他の地域でも同様の傾向が見られ、しかもその数は増加している。狙われている少女や少年の多くは社会的にも経済的にも弱い立場に置かれている家庭の子どもたちであり、心身ともに傷つけられながら、社会生活のリスクまでおかされている

これらの社会的な影響は決して小さなものではない。この脈絡で第六戒を取り上げるならば、ただ人間が性欲を我慢すべきだというようなことを戒めているわけではない。この戒めの根本には、人の暮らしや生活の営みに守るべき家族があり、人々と暮らすコミュニティーがある。そこで相応の喜びがあ

り、こうした暮らしを守り維持することの尊さが意識されている。アジアのキリスト者は性的な話題を話すことに慣れていないこともあるが、他方で、性的な問題を社会的に大目にみる傾向も認められる。ここでも看過できない問題は、こうした文化や習慣から女性や子どもたちが十分に守られていないという事実にある。こうした社会問題は、十戒に照らすならば神の戒めをないがしろにしていることでもあるのだ。

欧米社会において法的な権利として同性婚が認められてきており、ほとんどのアジア諸国でも同性婚が認められつつある。あまり知れていないかもしれないが、同性婚に関しては中国文化で受け入れられ認められてきた長い歴史がある。しかしながら多くのアジアのキリスト者の間では、依然として、特定の聖書箇所にこだわり、この話題を回避する傾向がみられる。

❖学びのために

1　セクシュアリティーは神の賜物と考えられます。みなさんの社会でその賜物が豊かに分かちあわれている例があるでしょうか。

2　第六戒に関連してみなさんのコミュニティーでどんな課題やチャレンジがありますか。

第七戒

あなたは盗んではならない。

『小教理問答』

問い　これはなんですか。

答え　私たちは神を畏れ、愛するのだ。だから私たちは隣人のお金や持ち物を取ったり、いつわりの品物や取引で自分のものにしたりせず、かえってその持ち物や食べ物において彼らを助け、よりよくし、守るのだよ。

他人の財産を奪ってはならない。それは、神を畏れ愛することに反することである。そのように考えるルターは、個人の財産を奪うことだけを禁じているわけではない。街の市場や、人々の取引を要するところではどこでも不正が禁じられている。人が働くとき、善良な仕事をなすべきであり、だまし、不当な取り立てをしてはならない。正直であらねばならない。ルターはこの点について次のように述べている。

（盗みは）どこにでも見られる日常茶飯の罪悪であるためか、ほとんど目にも留められることもなく、その勢いはとどまるところを知らないありさまになっている。だから、盗人であるにもかかわらず、真人間の顔をしている連中がおり、この者どもを全員引っ立てて絞首台につるすならば、この世はたちまち人影を絶ち、死刑執行人の務めも大いに困ることになるに違いない。（『大教理問答』五八三頁）

ルターは義務を怠り、自らの務めに不誠実であるものはこの戒めを破っているとつづけている。さらに、詐欺のように不当に得た利益も、そして盗み奪うことも、いずれもが貧しい人をさらに圧迫し困窮へと陥れる行為である。それゆえに、この戒めと社会正義の実現には切り離すことのできないつながりがあると考えられている。不正な富に対しては、当局が厳しく臨むべきであり、交易と商業によって、貧しい人たちに重荷と圧迫があってはならない。そのため秩序を構築することの必要性も説かれている。人は善良な仕事を選び、誠意をもって働くところに神の祝福があると述べて、次のように結んでいる。

ここにわれわれは、真に確かな、そしてなんらの不足欠乏をも感じさせられぬひとりの富める主を所有しているのであって、不実不正をもってかき集める場合より百倍も多くのものを、喜びに満ちた良心をもって楽しむことができるのである。けれども、この祝福を好まない者は、神の怒りと不幸とを十分に見いだすであろう。(『大教理問答』五八九頁)

◆第七戒とアジアの視点

ルターのポイントは、なによりも他人のモノを奪ってはならない、という点にある。交易や商取引の場面でもこれはあてはまる。他人の仕事や務めを尊重し公正であることが重んじられるべきである。ルターはこんにちのような民主的な社会ではなく、封建時代でこのようなことを考えていたことにも注意したい。ルターは領主が正しい社会を築くことを期待し信頼もしていた。そのような権力者たちがどのように私腹を肥やし、人々から搾取していたのかも分かっていたからだ。実際のところ、ルターは貧しい人たちを圧迫し不正に染まっている領主たちに批判的であったが、他方で、そのような状況で人々が公の秩序や統治を力で破壊することもまた恐れていたのである。

このようなルターの時代の封建的な脈絡に比べると、アジアのキリスト者はおしなべて民主的な価値を重んじる社会に暮らしている。そこで盗みや汚職といった不正に取り組むことは、よりはっきりとした課題であることが明らかである。もちろん、アジアのあらゆる社会に一様にあてはまるわけではないにしても、「盗むなかれ」が明らかに共通の課題であるのは確なことではなかろうか。たとえば、談合や縁故主義、強制労働や借金の踏み倒し、不当な利子の取り立て、詐欺的商法、自然資源の不法な収奪、贈賄や横領といった「企業による盗み」に相当する問題が含まれている。こうした問題に対して、社会や政治的課題に消極的な姿勢を取り、そして目をつむり、見過ごしていることもある。こうしたことは、教会の内外で起こっている。教会の腐敗というものもまた避けられない現実であり、アジアのキリスト者が他の宗教者や他の文化圏の人たちよりも、その点においてすぐれているわけではない。当然、無関係でいられるわけでもない。だからこそ、この第七戒はアジアの諸教会とその組織が自らに厳しく課していく戒めにもなるのだ。

腐敗の文化はどの社会にも存在し、無意識のうちに深く関与している場合もある。たとえば、不当な経済構造がその社会に存在するならば、その利潤に生かされている構造に皆が関わっていることになる。また、あからさまな窃盗に手を染めなくとも、人の心にはより多くを望み、より多くを所有しようとする欲求がある。盗みへと駆り立てる貪欲があり執着がある。そうした心のうちに神の約束を信頼することから遠ざかろうとする心が隠されている。この戒めを通して、自分の心を見つめ、生活やライフスタイルを見直し、あらためて自分に向けられている祝福と感謝を見いだすことが期待されるものである。

❖学びのために
1　社会の腐敗の文化にキリスト者はどのように立ち向かうことができるでしょう。
2　みなさんの教会では、腐敗についてどのような関心や取り組みがあるでしょうか。

第八戒

あなたは隣人に逆らう誤った証言を語ってはならない。

『小教理問答』
問い　これはなんですか。
答え　私たちは神を畏れ、愛するのだ。だから私たちは隣人に対していつわって嘘を言ったり、裏切ったり、抽象したり、悪い評判を立てたりせず、かえって彼らの言うことを聞き、彼らについてよいことを語り、すべてをよいようにするのだよ。

この戒めからルターは、法廷で無実の人が偽の証言に苦しめられ、中傷される現実を訴えている。偽の告発からだれかの評判や名誉が傷つけられることがあってはならないし、特に隣人の法的権利を守ることが考えられている。

われわれは自分のからだ、配偶者、そしてこの世の財産のほかになお一つの宝を有している。すなわち、名誉とよい名声とであるが、これもまたわれわれが欠くことのできないものである。世間の人々の間に恥をさらし、あらゆる人々から軽蔑されながら生活することは望ましいことではないからである。それゆえに、神は隣人の名声、名誉、正義が、金銭、財産と同じように、奪われたり、損なわれたりすることなく、だれでもがその妻子、使用人、隣人のために対面を保ちうることをお望みになるのである。(『大教理問答』五八九―五九〇頁)

隣人を言葉で傷つけることもこの戒めの範疇になる。嘘や悪意ある証言も、裁判官の不当な判決も、いずれも隣人を傷つけることになる。信仰もまたこの戒めから考えられるべき事柄がある。たとえば、間違った教えを口にする偽りの説教者たちはこの戒めをおかしている。『大教理問答』が隣人の悪いうわさを聞きたがる世間一般の悪弊を指摘しているとおり、人には他人の噂話や風説を好み、「豚が転げまわって飼料を台無しにする」ようなところがあるのだ。

この戒めは第八番目の戒めになっているが、十戒の中でとりわけ重要であるとルターは考えていた。なぜなら人は言葉で隣人を傷つけ、侮辱するからである。ただし、このようなルターの熱心な勧告は、時に舌鋒鋭いルター自身に向けられるべきであり、いささか皮肉な言いぐさにもなっている。

◆第八戒とアジアの視点

この第八戒について、アジアの文脈から二点ほど考えてみたい。第一の点は、隣人への偽りの証言についてアジアの宗教的多元主義の脈絡で考えてみることである。そこで自分たちの信仰をどのように証しすればよいのか、これを熟慮する機会になるのではなかろうか。さまざまな宗教とその宗教者に囲まれるアジアのキリスト者は、隣人たちの宗教を十分に理解できているだろうか。自分たちのキリスト教信仰の良い点を主張しようとするあまり（この点については第一戒で取り上げた）、他宗教の人々や、その主張を十分に理解しないままで、斥けたり曲解する危険から遠ざかっていられるだろうか。

第一戒のところで考えたとおり、キリスト者の証言は、他の宗教の人たちの信仰や信念をゆがめ否定するためのものではない。隣人の宗教に同意しなくとも、私たちは隣人の宗教や信念に対して敬意を示し尊ばなければならない。特にアジアでは、キリスト教よりも長い歴史を有し、人々の魂のふるさとを形成してきた宗教もある。このような認識はキリスト教にとって重要な課題である。キリスト教内部の宣教命令に従順であろうとするあまり、その熱心さが実のところ、隣人を傷つけ、分断し、憎悪を引き起こす原因になることもあったのだ。この戒めは、偽りの証言から遠ざかり、隣人の信念を捻じ曲げることもしないで、いかにして福音を宣べ伝えることができるか、より慎重にそして丁寧に考えるようにうながしている。

もう一つは、私たちの社会と政治についてである。人種や宗教、また政治的な見解などさまざまな違いが私たちの社会には存在するが、そこで対立する人々に対する偽りの証言がみられることがある。事実とフィクションが取り違えられ、真実とうそが混同されることもある。間違った情報や、非難と中傷は、メディアを利用して、政治指導者によって広められることもある。残念なことに、選挙の時期になるとそのような悪弊が横行するあり様である。第八戒の「偽りの証言」とは、ある人たちの利害を重んじる結果、多数の人たちをあざむき、扇動することも含まれている。

グローバルな次元で言えば、国家は経済的かつ政治的な利益を得るために他の国々に対して誤った証言から不当な非難を繰り広げることがあり、それが紛争と戦争を引き起こす原因となり、多数の人々を苦しめることになる。それゆえに第八戒は、私たちの社会とその暮らしを支配する「過ちと偽り」を根源的に告発し咎める戒めでもある。

❖学びのために

1　アジアの文脈で他宗教の人々の信仰や実践を損なうことなくキリスト者はどのように証しをすることができるでしょうか。

2　私たちの社会に世論操作や扇動がみられるとき、どのように真偽を見分けることができるでしょうか。

3　イエスがお教えになった「隣人を自分のように愛せよ」はこの第八戒にどのような関わりがあるでしょうか。

第九戒および第十戒

あなたは隣人の家をわがものにしてはならない。
あなたは隣人の妻、僕婢、家畜やその他のものをわがものにしてはならない。

『小教理問答』

問い　これはなんですか。

答え（第九戒）私たちは神を畏れ、愛するのだ。だから私たちは隣人から策を講じてその財産や家を盗ったたり、いつわりの証しをもって自分のものにしたりなどしないで、かえって隣人がこれを保つように促し、支えるのだよ。

問い　これはなんですか。

答え（第十戒）私たちは神を畏れ、愛するのだ。だから私たちは隣人からその妻、僕や家畜を誘って手に入れたり、無理矢理奪ったり、背かせたりせず、かえって留まって、果たすべきことを行うよう、彼らに勧めるのだよ。

これら二つの戒めはユダヤ教徒とキリスト者に文字どおり与えられた戒めであると教理問答は解説している。旧約聖書の時代背景として、召使いは自由な身分ではなく、家畜同様に主人の所有とみなされていた。また妻と離縁し再婚することも思うがままであった。これら二つの戒めはそのような文化的実践を禁じ、実際の脈絡からルターは次のように述べている。

隣人の所有をその手から離れさせるようなことは、たとえ世間の前にはうまくやってのけて、不正な手段で得たようには訴え非難する人がなくても、やはりいけないこととして防止されているのである。いったい人間はだれでも生まれつき、他人が自分と同じほど所有するのを好まず、他人はどうなろうと自分はできるだけ多くを手に入れようとする性質を持っている。しかもその上、人から誠実な人間と見られようと思って、できるかぎり自らをりっぱに装い、邪悪をかくし、奸知にたけた陰謀術策を、あたかも正当な権利から導き出したもののように工夫案出して、大胆不敵にこれにより、これを誇り、しかもそれが邪悪とみなされず、むしろ巧者だとか、慎重だとか呼ばれることを求める。(『大教理問答』五九八―五九九頁)

むさぼりとは、ただ欲望することだけでなく、さらに熟慮されるべき言葉になっている。たとえば、他人の財産を手に入れようと法を利用し、優秀な弁護士を雇いだれかをおとしめることもあれば、公平の原則を守りながら「むさぼり」を成し遂げるあり様をルターは描いてみせている。その他にも、人を欺きごまかすことによって財産を横取りすることもしばしば起こっていた。あるいは夫婦の間で一方的に不当な責めを受けて、欺かれることもあれば、別の人との再婚を望み不当な方法でそれを実行することもあった。こうした結婚生活をめぐる不当な行為もまた、「隣人の妻や財産を欲する」ことにあたり、いずれも「むさぼり」に深く関係している。たとえ人が他の戒めを守り正当で敬虔な者だと主張したとしても、すべてがゆるされているわけではないことをこの戒めは明らかにしている。

◆第九、十戒とアジアの視点

これら二つの戒めには、あらゆる文化や時代に存在する自明性に批判的であろうとしている。こうした戒めを現代人の多くはあまり深刻に受け止めているようには思えない。というのは、多くの人にとって、当時のように伴侶を所有物のように扱うことなど許されているわけではないからだ。また特別に裕福である場合や、なにかの必要に迫られることがないかぎり、召使いや使用人を雇うような人も多くはないだろう。また都会に暮らす人々にとって、牛や家畜を所有するような生活は想像しがたいことであろう。にもかかわらず、アジアには依然として封建的な文化がある。妻や使用人がまるで所有物であるかのようにみなされることもある。地位は不当に低く、乱暴な扱いを受け、搾取され、またモノ扱いをうけることも実際に起こっている。これらは現代版の「むさぼりの文化」であり、この戒めもまた依然として身近で切実なものである。だれかの利益や喜びを奪うことや、人に対して優位に立とうとすることもまた、「むさぼり」の別の形態になるであろう。

あらゆる種類の製品やサービスが消費に結びついて宣伝されるこんにちの社会において、この戒めは深く考える必要がある。たとえば、私たちは自分たちの必要以上のものを宣伝戦略によって欲するように仕向けられることがある。その点、現代文化は「むさぼり」を合法的に促進することこそが標準である社会ともいえる。あらゆるたくらみ事や欺瞞が人々の所得や財産を奪うためにあふれている。このようなことが社会に蔓延し、不正が持続すること、それらが〝合法〟であることにはしばしば両立関係がある。どんなむさぼりであれ、合法的という理由から、個人も企業も、道徳的な責めをおわないでゆるされる構造があるのだ。おそらくそのようなことは法の抜け道として行われているのであろうが、そこで起こっているのは裕福で、力ある者たちがますます富み栄え、貧しく助けを要する人たちはそのような社会の犠牲者へと追いやられているのだ。

第九と第十の戒めはそのような社会とその現実を踏まえるとき、その社会の価値観や規範、また当然のように許容されていることにチャレンジをすることになる。その点、これらの戒めを遵守しようとすることは、人々とその社会の福祉を守り、社会秩序を維持するために必要なことになる。「むさぼり」とは私たちの社会的良心への挑戦である。私たちが負うべき義務は、私たち自身と家族に限定されるものでもなければ、きわめて私的な幸福追求に限定されるものでもない。むしろ社会全体へと向けられたものであるからだ。キリスト者がその社会で神のみ心に従うというときには、こうした公共社会の正義と公正を求めるように召されている。貪欲にまみれた文化に置かれるとき、使徒パウロの次の言葉は自分の胸に手を当て心から聴いてみる必要があるのではなかろうか。

物欲しさにこう言っているのではありません。わたしは、自分の置かれた境遇に満足することを習い覚えたのです。貧しく暮らすすべも、豊かに暮らすすべも知っています。満腹していても、空腹であっても、物が有り余っていても不足していても、いついかなる場合にも対処する秘訣を授かっています。わたしを強めてくださる方のお陰で、わたしにはすべてが可能です。（フィリピ四・一一―一三）

他人の喜びをむさぼるのではなく、「すべてのものを豊かに与えて楽しませてくださる神」（一テモテ六・一七）を信頼することは、このアジアにおいてもとても大事なことなのである。

❖学びのために

1　社会においてこれら二つの戒めが守られていないと感じる場面がありますか。

2　教会のようなキリスト教コミュニティーは、社会の中で「社会的良心」の役割を果たすことができるでしょうか。

3　これらの戒めは日々の暮らしで個々人がどのように心に置くことができるでしょうか。

結　論

『小教理問答』の結論

問い　神はこれらすべての戒めについてなにを語っておられるのですか。

答え　神はこう言われる。あなたの主、神である私は、ねたむ神であるから、私を憎む者に対しては、父祖たちの罪を子らに三代、四代に至るまで及ぼす。しかし、私を愛し、私の戒めを守る者に対しては、千代に至るまで幸いを行う。

問い　これはなんですか。

答え　神はこれらの戒めに背くすべての者を罰すると迫っておられる。だから私たちは神の怒りを畏れて、このような戒めに逆らうことはしないのだ。しかし神は、このような戒めを守るすべての者に対して恵みとあらゆるよいものを約束してくださる。それゆえ私たちは神を愛し、信頼し、その戒めに従って、これを喜んで行うのだよ。

ルターはこの結論部分において、出エジプト記二〇章五―六節を引用し、これを十戒の道案内とし、説き明かしとしている。「ねたむ神」という表現は一見して驚くべき表現であり、それが何を意味するのか熟慮を要する。キリスト者の場合、神は聖なる方で、慈しみと思いやりが深く、愛と赦しの神であることが教えられてきた。その神がなぜ「ねたみの神」であり、神の民に報復をもいとわないお方であるというのだろうか。「ねたみ」という言葉の響きは強すぎる。まるで神が他の神々と競い合うお方であるかのように聞こえるからである。実際には第一戒の解説ですでに確認したとおり、「唯一の」神だけがおられるのであるから、このようなことはそれ以上考える必要はないだろう。しかし、このねたみの神から別のことも考えられる。私たち人間には、神以外のさまざまなものに傾倒し、「偶像」にひれ伏してしまう性質についてである。

この神のねたみとは、神の愛の表現と考えられてきた。ちょうど、親が子を深く愛し、養育や鍛錬に力を尽くすことがあるように、深く確かな愛の表現として〝ねたみ〟という表現が用いられてきたのである。経験上のこととして分かるとおり、親への反抗というものにはある結果が伴うものである。同様に、神への不従順もまたある結果を伴うことになる。両親は間違った振る舞いに対して子どもたちに厳しく接することがあるし、良い振る舞いに対しては良い接し方で応じることがある。「棒とにんじん」や「叱責とご褒美」という昔からの言い回しを用いるなら、神もまた約束を伴う厳しい対応がある。この点、神の罰は短く、神の祝福の約束は永遠にあるという対比もまた見逃せない。

　ここにある三代、四代に罪を及ぼすことと、千代におよぶ幸いの約束は、どうしてこうも非対称をなしているのだろうか。単純に考えると、神は恵み深く寛大であるということだろう。私たちのだれも神が期待されることを充たせるものではないことを、神ご自身がご存知である。十戒は私たちの幸いと救いのために与えられているものであるが、人はそれを充たすことが果たしてできるのだろうか。人間はそういうことを忘れて、「生まれ変わった」とか「従順な信仰者」という言葉を使って己を誇ることがあり、そこでいかに神に対し傲慢で、浅はかで欺瞞にみちた者であるかが浮き彫りになる。人に付きまとうのは「自己義認」であり、自らを義とする欺瞞に耽ることによって自分自身をも偽っている。そうしたことが分かってくると、恵みも慈しみもない状態がどんなに悲惨で、つらいものであるかが分かってくるのである。この信仰上の洞察は、その人がこの世にあって何者であろうとも、自らの力によって神に受け容れられているわけではない、という洞察である。「人は皆、罪を犯して神の栄光を受けられなくなっています」（ロマ三・二三）という時、パウロはこれを極めて適切に表現しているといえるだろう。

　神は私たちに律法と約束（福音）を通して関わり、共にいてくださるという考えはルターの宗教改革で深く、また根源的な洞察である。十戒は神の戒めであり、神の期待に応えて生きる必然性とその要求を明らかにしている。他方で、福音である神の約束は、私たちが神の戒めを守ることができないときや、神に不従順であるときに赦しがあり、そしてまた歩み直しがあることを告げている。もし神の怒りや罰があるというならば、神の約束と愛はその克服である。律法と福音の緊張関係を通して、神に愛された神の子であることが知らされるのである。そういうわけで、ルターの教理問答では、つねに「神を畏れ愛する」ことが述べられている。人は無条件に神の約束を信頼し神の教えに従うことができる。イエスはこうしてこれらの戒めの要諦について次のように教えておられるのである。「心を尽くし、精神を尽くし、思いを尽くして、あなたの神である主を愛しなさい」（マタイ二二・三七）。そしてもう一つの戒めをつづけておられる。「隣人を自分のように愛しなさい」と。

二　使徒信条

序文

使徒信条は教会で唱えられていた最初期の信仰告白であるが、それがどのようにして現在の形に至ったのか正確なことは分かっていない。すでに西暦一五〇年頃には、礼拝などで広く用いられていたようだ。さらに時代が下ると、真の信仰とその他のものを区別するために、ニケア信条が形成された（三二五年および三八一年の公会議で承認）。

ニケア信条は正統信仰の要石にあたる。ほとんどの主要教派において（長老派や改革派、ルター派に聖公会、東方教会やローマ・カトリック）、この信条は礼拝の中で唱和されており（通常は説教につづいて唱えられている）、復活祭（イースター）や降誕祭（クリスマス）といった祝祭の主日にも唱えられている。こうした伝統は、古くからこの信条がもっとも正確に教会の信仰内容を伝えていると認められてきた歴史を示している。しかしこのような歴史的なプロセスを経たからといって、礼拝の場から使徒信条が消滅することはなかった。その他の公同信条としては、六世紀以降に用いられるようになったアタナシウス信条がある。長文で、複雑な内容も含まれているが、とりわけ三位一体論の擁護のために形成されたと考えられている。

信条という言葉は、「私は信じる」を意味するラテン語クレド（credo）に由来する。人が何を信じるかは、その人の思考や行動、そして生き方に深く関係する。実際の世の中でも、さまざまな主義主張、運動や活動がかかげる理想や価値観の背後にこの「信じる」世界が垣間見られることがある。こんにちでは、物事の善悪や物の見方にもこの「信じる」という事柄が深く関わっていることが知られている。だれもが自らの信条のようなものを持たざるを得ない世界を生きているのではなかろうか。

キリスト者は礼拝の中で信条を唱えることを通じて信仰を告白している。信仰告白は、私たちの信仰についての信念や意見以上のものである。そこには、人生において究極的だと考えられているものを「信頼する」ことが含まれている。信条のある部分がはっきりと理解できない場合や、また客観的に証明不可能な場合（神の存在証明など）があっても、その信条に忠実であろうとすることがある。自らの「信頼」をその信条に置いて、その文書が真であると信じているのである。

信条は三部構成になっており、三位一体論的な形式が意図されている。その第一条は父なる神についてであり、第二条が子なる神、そして第三条で聖霊なる神および教会について述べてある。

第一条

天と地の造り主、全能の父である神を、私は信じます。

『小教理問答』

問い　これはなんですか。

答え　私は信じている。神が私をお造りになったことを。すべての被造物と一緒にだ。神は私にからだと魂、目や耳やすべての部分、理性、あらゆる感覚をお与えくださったし、そのうえこれを保ってくださっている。また衣服や履物、食べ物や飲み物、家屋敷、妻や子、畑や家畜やすべての財貨を、このからだといのちのあらゆる必要なものと共に豊かに日毎に与え、あらゆる危険から守り、あらゆる災いに対して備え、保護し、これらすべてのものを純粋に父としての、神のいつくしみとあわれみから、私のなんらの功績やふさわしさなしにしてくださるのだ。これらすべてに対して私は神に感謝し、賛美し、これに応えて神に仕え、服する責めを負っているのだ。これは確かに真実なのだよ。

使徒信条の第一条は、十戒の第一戒と第二戒、また主の祈りの第一の願いにも見られる根源的な信仰を確認している。まっすぐに神にむきあい〝すべての人〟の創造者にして、いのちに必要な〝あらゆるもの〟を与え、〝すべてのいのち〟を守る神を信頼することが告白されている。この第一条を私たちが唱えるとき、この神は善なるお方であること、そして私たちが神の賜物を受けるに値しなくとも、神の慈しみと恵みが私たちに確かにあることを認め、告白している。この慈しみに触れる時、私たちの生涯にある喜びの一瞬一瞬までもが神の慈しみによって支えられており、それがまた真実なことであると信じている。

「天地の造り主　全能の父である神」をごく自然に信じる人たちがいる一方で、このことに困難を感じる人たちもまた大勢いるのではないだろうか。一体この宇宙は神の御手において造られたのか、ビッグバンのような天体の出来事によって生じたのか。宇宙の起源をめぐる激しい論争は、ここ二世紀の間つづいている。創世記一―二章の記述からこの世界の創造に神が関与しておられると考えるキリスト者がいる一方で、こうした考えに懐疑の眼を向けるも人たちも少なくはない。その場合、創世記の記述は神話的で科学的な証明に類するものではないと考えられている。あるいは、そのような懐疑を抱きながらも、この宇宙には完全に説明などできない神秘があり、そこはかとない思いを心に抱く人たちもいるであろう。

太陽や月、そして惑星の運行、山河に降り注ぐ雨、山河にみちている草花とそこで息づく虫たち、そして動物たちの世界に触れる時、これらを創造した神に思いを馳せ、いのちの営みの全体に超越した力を感じないではいられない。この被造世界全体が神からの贈物（ギフト）であり、神のすばらしいみ業とその善性（goodness）を証しているように思えるのだ。

このように全宇宙に、神様のお働きとそのみ心の反映を見いだす一方で、反対にそのような信仰とかけなれた現実も見られる。被造世界には苛烈さや破滅もまた見られるからである。洪水やハリケーン、地震、津波や噴火といった自然の脅威からいったいどのような神を思うことができるだろうか。母なる自然に神的なるものを見いだすこともあれば、それが幻想であるかのように感じられるときもあるのだ。

隠された神のご臨在

自然災害には合理的で科学的なメカニズムが解明されている場合があり、ただ被造世界だけを見つめることで神を「見いだす」わけではない。神はこの世界に「隠されている」神秘でもあるからだ。神は目に見える存在でもなければ、み顔をお見せになるわけでもない。聖書の神観に見られるのは、このような考えである。神は直接にご自身を現わされたわけではなかった（出エジプト三三・一九―二三参照）。それゆえに「神がどのようなお方であるか」について思索することは、実のところ無益であり、また危ういことでもある。それでも人は畏敬の念を抱き、天地の造り主を思う心がある。このような神の存在を感じることはあっても、「神が実のところ何者であるか」まで啓示されて明らかになるわけではない。この「神が実のところ何者であるか」を知るためには別のところを見なければならない。神は神ご自身の方法でご自分を私たちに明かされていることを知っておかなければならない。

創世記には、神が天地創造の業をご覧になったとき、それは「極めて良かった」（創世記一章）と記述している。これは聖書の主軸になる考えである。はるか昔のことをいっているわけではない。この始源にあった喜びは、継続している。神は被造世界から退場されたわけではなく、この世界の創造と再生に関わりつづけておられるからだ。朝が来て夕が来るという繰り返しのような日々でさえも、新しくされ、あらゆるいのちを育み支える目的と未来が定められている。

ルターの解説は、神の寛大さや摂理に多くの関心を寄せているが、さらに人々の注意を次の点に向けている。人はこの世界創造の業に協力するように招かれている存在であり、この世界の奉仕者（stewards）になる。こんにち目の前にある自然の収奪や絶滅しようとする動植物の姿は、人間の罪と貪欲の結果でもある。この条項は、人間が本来、被造世界をケアする（気遣う）ように神に召されていることを呼び起こしている。神を前にして人は責任を負うている存在でもある。

◆第一条とアジアの視点

創造主への信仰はキリスト教だけのものではない。アジアにある文化と霊性の中にも、さまざまな創造信仰や創生神話がある。この世界を統べる神的な存在や、霊的なもの、また神々に対する畏怖の念など、それぞれに固有な仕方で理解されている。

アジアの文化圏には、自然との調和こそが宗教の究極的関心と捉える信仰もある。この点について、キリスト者の間に一致した見解があるわけではない。神の名称をめぐっては、プロテスタントとカトリックの間にも考えの相違が認められる。こうした問題は、文化や言語の問題であると考えられる反面、さらに深く宗教的な理解による場合がある。たとえば、どんなに文化や言語上の違いがあったとしても、このアジアには、「神」や「超越的な力」に対する畏怖の念、動物や食物の奉献祭儀、神をなだめようとする信仰といった広く共通する宗教上の習慣や理解がある。その他にも、報恩や神罰とその恐れなども、広くアジアに見られる宗教的現象である。

アジアの諸宗教に見られる多様性は、神の唯一性を疑問に付するほどのものである。十戒の解説で見たとおり、キリスト者は他宗教を多神教的で偶像的と斥ける傾向があるが、キリスト教そのものにも、多様な感じ方や受け止め方が存在し、その根底にはどこにでも見られる神を求める人の心というものがある。ルターが示唆したように、お金であれ富であれ、私たちが人生において究極的な価値をおくものこそが神となり偶像となるのである。人間はみな偶像を作り出すものであり、キリスト者もその例外とはいえないだろう。

人は神に創造された存在である。これが第一条にあるもっとも重要な教えではないだろうか。神の恵みと慈しみから漏れる人はいない。当人がそのことを意識しているかどうかは別の問題である。キリスト者の中には、人間の被造性や、神の恵みと慈しみの無条件性を認められない人たちもいるであろう。しかし、これは真実である。

神は「悪人にも善人にも太陽を昇らせ、正しい者にも正しくない者にも雨を降らせてくださる」（マタイ五・四五）というイエスのお言葉を深く思いめぐらせる必要がある。また詩編は「地とそこに満ちるもの／世界とそこに住むものは、主のもの」（詩編二四・一）とうたっている。人には皆両親や家族といった近しい人々がいることを神からの恵みとみなすこともあるだろう。日々の暮らしが守られていること、衣服や食物までも神からの贈物（ギフト）として感謝することもあるだろう。神は人を分け隔てされることのない慈しみと愛の神である。神の恵みはキリスト者の独占物ではない。愛と恵みを受け取るときに、私たちは他宗教や無宗教の隣人たちにその愛と恵みのうちに共に生きていくようながされているのではないか。宗教上の他者を隣人とする私たちにとって、神の愛と慈しみを証しすることと、他宗教の隣人と共に生きることは矛盾することではない。確かにキリスト者は唯一の神を信じているが、他宗教の隣人とその信仰を心から尊重し、そしてまた注意深くあらねばならない。

アジア圏とその世界観を生きる私たちには、さまざまな宗教や伝統の相違点にもかかわらず、分かち合っている面も明らかにある。こうしたことを認識するとき、あらためてキリスト教の独自性について自問することになる。もしキリスト教が信じる神の唯一性というものが、アジアにあるそうした理解と違うというならば、他宗教の隣人にどんな風にその違いを説明できるのだろうか。第一条は、神がこの被造世界の秩序とあらゆる人間の造り主にして、支えそして守るお方であることを共通の信仰箇条としている。それは人類というものが人間性を分ち合っている存在と認めている。ただし、キリスト者がこれを告白するとき、さらにそれ以上のことが含まれていることもまた知っている。このキリスト者固有の点については、つづく第二条で考えることにする。

❖学びのために

1　みなさんが暮らすところでは、どのように神を理解していますか。この世界に多くの神々がいると信じられていますか。そこでどんな風に「神」を感じたり、信じられたりしているのか述べてみてください。

2　信条では、神のことを「父なる神」と呼んでいます。イエスもまた「父よ」と呼びかけておられますが、このような呼び方はこんにちのジェンダー意識から見てなにを意味するといえるでしょうか。みなさんの文化やコンテクストでどんな風に論じることができるでしょうか。

第二条

そのひとり子、私たちの主イエス・キリストを私は信じます。主は聖霊によりて宿り、おとめマリアから生まれ、ポンテオ・ピラトのもとで苦しみを受け、十字架につけられ、死んで葬られ、よみに下り、三日目に死人の中から復活し、天に昇られました。そして全能の父である神の右に座し、そこから来て、生きている者と死んだ者とをさばかれます。

『小教理問答』

問い　これはなんですか。

答え　私は信じている。永遠のうちに父から生まれた真の神のであって、また、おとめマリアから生まれた真の人であるイエス・キリストが私の主であることを。主は失われ、罪に定められた人間である私を、金や銀をもってではなく、ご自身の聖なる、貴い血とご自身の罪なき苦しみと死をもって、すべての罪と死と悪魔の力から救い、あがない、かちとってくださったのだ。こうして私は主のものとなり、主のもとでその み国に生き、永遠の義と清さと救いの中で主に仕えるのだ。それは主が死から復活して、永遠に生き、支配なさるからだ。これは確かに真実なのだよ。

第一条では、全能の神が人の眼には見えることもなく捉え難いお方であることを告白している。神の存在が信仰者に明白であったとしても、その神がどのようなお方であるかは、それほど自明なことではない。第二条は、イエス・キリストのご生涯とお働き、そしてその死と復活などを通して神がどのようなお方であるかをより具体的に伝えている。キリストこそが私たちが信じる神を〝明らかに〟する。

第二条は、イエス・キリストの全生涯を捉えているので、その内容は深くまた豊かである。しかしながら、誕生と十字架上の死との間に位置するイエスのご生涯と、その宣教のお働きについてはほとんど何も触れていない。福音書はこうした空白を埋めるためにも読まれなければならない。四つの福音書にはそれぞれの視点からイエス・キリストのご生涯とお働き、また復活と昇天の出来事が伝えられている。こうしたイエス・キリストについての事柄は、第二条でわずか数節にまとめられ、しかもそれがキリスト教信仰の中核部分をなしている。私たちはその中核部分を「良い知らせ」として受け取り、それを福音と呼んでいるのである。

福音が良い知らせといわれるのは、人がこれに対応する悪い知らせを知っているからである。聖書においては、アダムとイブの神への不従順が悪い知らせのはじまりだ。それ以来、人は罪深い世界を生きる、というのが聖書の基本的な理解になっている。その世界に道徳的な落ち度が目に付くこともあれば、罪深い振る舞いに打ちひしがれることもあるだろう。

神の戒めである律法を顧みるならば、その道を踏み外している人間の姿が明らかになる。使徒パウロが次のように述べるとき、まさに時代を超えた人間の窮状を物語っている。「わたしは自分の望む善は行わず、望まない悪を行っている。もし、わたしが望まないことをしているとすれば、それをしているのは、もはやわたしではなく、わたしの中に住んでいる罪なのです」(ロマ七・一九―二〇)と。

人はみな罪のうちに生きている。罪が私たちの一部になっている。これが悪い知らせである。罪が私たちを捉え、望まざることをさせているのである。その罪は抽象的なものではない。自らを神から遠ざけ、お互いをばらばらにする力のことであり、ただ個別の悪い行いや不道徳な振る舞いを指しているわけではない。このことを理解するために、罪という言葉を可算名詞 (sins) と不可算名詞 (sin or original sin) で区別して理解すると分かりやすい。病にたとえれば、可算名詞の罪とは鼻水や咳といった風邪の個別の症状にあたるのに対し、不可算名詞の罪は、諸症状を引き起こすウィルスのようなものである。ウィルス（不可算名詞の罪）をなんとかしないかぎり、その症状（可算名詞の罪）がよくなることはない。

罪の現実というものは間柄にこそ顕著になる。神や隣人、そして他の被造物との間にふさわしい関係を築くことができないならば、それが罪の現実である。罪は神への不従順であり、この被造世界で神の約束とその実現を拒むように仕向ける力であり、その力は根源的にいって、創造主に抗う力である。

こうした罪理解が、福音という良い知らせの背後にある。神が私たちのことをご存知であるということき、神は私たちの罪とその痛みをも理解してくださっていることを意味する。そして、私たちを癒し、回復することを望まれる。神や隣人との間に争いや分裂があるならば、その破れの回復こそが神のみ心になる。

罪は、貪欲という形を取ることがある。それは他人や自然を搾取する力になる。この悪い知らせに対する神のみ心は、大切な全被造物を守るところにある。その神がイエス・キリストを通じて成し遂げてくださったことがある。これが福音である。

神は罪深さをただ認知するのではない。罪あるところには痛みや苦しみを伴い、神はこれに参与されある。痛みや苦しみを担う人間への関与が神の愛の形となる。「神が人となられた」意味はここにある。

神の子イエス・キリストは、人間であるかのように振る舞われたのでもなければ、そのように見せかけたのでもない。まことの人となられたのである。「おとめマリアから生まれ」という信条の一節が強調したいのは、「生まれ」の部分にある。

ルターの強調も、この「まことの人」にあった。「私たちみなと同じ」人間になられたことが大事な点である。福音書には、イエスが食事をし、人々と交わりを共にされ、そして眠る様子も描かれている。弟子たちや周囲の人たちと喜びや憤りも共にされていたことであろう。人間が一体どのような生き物であり、人間の条件が何であるかをイエスは熟知しておられたに違いない。使徒信条が思いを集中しているのは、このようなイエスと共にある根源的な良い知らせについてである。従って、イエスのお働きや宣教の詳細については、福音書を手に取り読まなければならない。

イエスとはどんなお方か

イエスはみことばを宣べ伝えるお方であり、教師であったことに注目しておきたい。町から町へと旅する福音宣教者であられたのである。特に貧しい人やないがしろにされ、存在を認められない人たちのところに赴かれていた。聖書で罪人と呼ばれる人々、とりわけ徴税人や遊女といった当時の社会でのけ者にされた人たちと共にあろうとされていた。そこでイエスは頻繁にたとえ話から神の道をお教えになった。そうすることで、権威ある宗教家たちと、彼らによって歪曲された神やその掟の理解に挑まれたのだ。こうして罪人の友になろうとされたイエスの歩みを念頭におくと、どうしてイエスがあのように排斥され殺害されたのか理解できるのではなかろうか。

イエスは癒しをもたらすお方でもある。イエスが訪れるところに癒しや治癒が起こった。人が健やかであることをイエスご自身が求められたのである。目が見えない人が見えるようになり、病人が癒され、病を恐れ苦しむ人たちに手当てがなされ、空腹の人に食が与えられ、罪の赦しが宣言され、そして死から人々を立ち上がらせたのである。そうした治癒奇跡を通して示されたのは、神の愛の具体化である。イエスは人々をまったき者へと回復し、いのちを刷新された。しかし、このような癒しのお働きにおいてもまた、イエスは偽預言者などと非難され、食物規程や安息日といった律法をないがしろにしたと誤解されていたのである。

同時代の多くの人たちは、イエスご自身に神秘を見ていた。あるいはイエスに宗教的な権威を見いだす者や、ローマという支配勢力の脅威、あるいは自由を求める革命家と見た人たちもいた。ローマ当局からは扇動家と非難され、宗教的権威筋からは涜神的で偽りの説教者、メシアを僭称する者とみなされていた。実際、イエスはこのような理由で訴えられ処刑されたのである。「ポンティオ・ピラトによって苦しみを受け十字架につけられ死して葬られ」とはこれらの凝縮した表現である。

イエスはこの世を「まことの人」として経験された。しかしそれが人々において理解され、受け入れられていたわけではなかった。その点、洗礼者ヨハネがイエスのもとに弟子を送りこう尋ねたのは印象深い場面である。「来るべき方は、あなたでしょうか。それとも、ほかの方を待たなければなりませんか」（ルカ七・一九）。そして、イエスも弟子たちと次のようなやり取りをしたことが記録されている。「そこでイエスがお尋ねになった。『それでは、あなたがたはわたしを何者だと言うのか』。ペトロが答えた。『あなたは、メシアです』」（マルコ八・二九）。また十字架の後、イエスの処刑の場面では、「百人隊長がイエスの方を向いて、そばに立っていた。そして、イエスがこのように息を引き取られたのを見て、『本当に、この人は神の子だった』と言った」（マルコ一五・三九）と記されている。最高法院の場面では、「重ねて大祭司は尋ね、『お前はほむべき方の子、メシアなのか』（マルコ一四・六一）という尋問が行われたとき、イエスは率直に、しかしまことに不思議なことを述べておられる。

イエスが何者であったかについて熟慮させる箇所は他にもある。どの福音書にも共通しているのは、洗礼の場面（マルコ一・一一、ルカ三・二一、マタイ三・一七）や変容の場面（マルコ九・七、マタイ一七・五、ルカ九・三五）である。他方で、イエスを油注がれた神からのメシアだと理解したような人はほとんどいなかったとも伝えられている。もっとも近くにいた弟子たちでさえも、イエスが捕らえられたとき、イエスを見捨て、イエスとの関わりを拒絶したのである。

十字架と復活

福音書の中心には神の子イエス・キリストの十字架の死と復活がある。ニケア信条は、「神のひとり子であって、すべての世に先立って父から生まれ、神の神、光の光、まことの神のまことの神」と重ねて丁寧に神の子について述べ、イエスがまことに人であると〝同時に〟、まことの神であることを信条としている。

十字架と復活は福音の中心にあるのだが、私たちには容易に理解できない神秘である。イエスは斥けられ不当に裁かれ、十字架上で犯罪者として処刑された。これは事実であるが、どうしてこのようなひどいことを神はお許しになられたのだろうか。

それとも十字架はまったくの偶発的な事故のようなものだろうか。イエスは本当に十字架を引き受けなければならなかったのだろうか。こうした問いに対する答えは、意外なほどに率直なものであった。十字架と死は偶発的なものではない。神は人間の痛みと苦しみを経験することを選ばれたのである。人々の罪を担い、死そのものを経験されることをよしとされたのである。神の子イエスキリストを通して、神は世にある人の痛みと苦悩に関わりを持たれたのである。

イエスご自身はその不当な非難に抵抗を示されなかった。むしろ私たち皆のためにそのいのちを進んで差し出されたのである。これが極限の人と共にある選択となり、それゆえに、十字架は罪ある人に向けられた神の愛の表現と受け止められてきたのである。十字架とその死に、普遍的な意義があるとキリスト者は確信してきた。

それでも十字架は依然として神秘のままである。なぜ神の愛を伝え表現するために十字架を手段とされたのだろうか。この問いに明快な答えはない。神のみ心を言い当てるようなこともできない。ただ確かなことは、十字架が神の愛を示し、私たちがそれを受け取れるよう神がお選びになった、ということだけである。「神は、その独り子をお与えになったほどに、世を愛された。独り子を信じる者が一人も滅びないで、永遠の命を得るためである」（ヨハネ三・一六）と言われているとおりである。

神はイスラエルの民に十戒を与え、預言者を送り、様々な出来事を通して人々を導かれたが、それらが思うように進んだわけではなかった。人間の罪や不従順の結果は、律法によるならば死である。その結末を子なる神が引き受けることによって、愛の深さが示された。イエスは、私たちの場所に立たれ、十字架で死なれたのである。イエスの死は神への犠牲などではなく、私たちのためになされた神ご自身の犠牲である。

しかし、イエスの死は物語の結末ではない。確かに死は生がたどり着く最終局面であり、私たちもみなこの生命の法則にある。しかし聖書は死に続くイエスの復活を証言する。これもまた法則に反する神秘である。復活について論理的な説明や科学的な証明というものがあるわけではない。もっとも近い弟子たちでさえ復活に対し確かな思いを抱いていたわけではなかった。疑う弟子たちもいたことが伝えられている。イエスは、その弟子たちに向き合い、その心を開いていかれたのである。私たちが知り得るのは、この弟子たちの証言である。イエスが死者からよみがえられたこと。神がイエスを死者の中から引き起こされたという証言である。復活証言はさらにもう一つのことを伝えている。弟子たちは復活証言を伝えるために自らの命と存在を賭していたのである。存在をかけた証しがイエスの復活であった。

イエスの復活は、死の法則を打ち破る神の働きであり、私たちもまたこの新しいいのちを生きるようにと招かれている。キリストが私たちの罪のゆえに死んだのならば、私たちもまたキリストの死と復活に与かるものである。主の復活を通して、新しい未来、新たな神の民に私たちもまた招き入れられているのである。

洗礼は、イエスの死と復活の象徴である。受洗者もまた、キリストと共に沈んで、新たないのちへと起こされるのである。洗礼式文にあるとおり、罪と死と悪の力から解き放たれたあのイースターの恵みが、この身に起こるのである。それが私たちを自由にして、み心に従って生きる道が備えられる。「義と認められた（義認）」人は、この主と共に生きる者のことであり、そこで救いが何であるかを知ることになる。

しかし、ここで注意したいことがある。私たちは今なお罪を犯すことがあり、また罪深い現実に無関係ではないという信仰の理解についてである。私たちは依然として〝古き人〟を生きているのである。それは過ぎ去ったわけではない。だからこそ、この古き状態に繰り返し戻り、神にあらがうことが起こるのである。罪とはウィルスのようなものであり、この地上に生きているかぎり感化し影響をこうむることになる。キリストの死と復活において、私たちはすでにキリストのうちに生きているので、何者であろうとも、神は私たちの罪を赦し懐に抱かれることを約束されている。その意味で、すでに義なる者である。そして、同時に罪人でもある。裁きの日に地上にある罪に対して私たち自身が責任をもって申し開きをしなければならない。だが、たとえキリストがすでに私たちを救われるにせよ、私たちの救いは、裁きの日に神とキリストの前に立つときにのみ、完全なものとされる。神は私たちに深い思いやりと慈しみを示しておられ、その日には私たちを赦されるであろう。これが私たちの信仰と希望の根源にある。

共におられるキリスト・イエスは「死して葬られ、陰府にくだり」とあるが、そこで死者に良い知らせを伝えられたのだろうか。あるいは、聖書にある昇天の記事（使徒一・六―一一）から、キリストは天にいらっしゃる（神の右に座して）ので、地にはおられないと考える人たちもいる。しかしそれは誤解であろう。キリストは私たちの内にも、私たちの間にも、そして私たちを通じて、聖霊の力によってご臨在されている。

キリストのご臨在については、三つの場面で論じられてきた。まずマタイ福音書二五章にあるとおり、この世界にキリストは「隠された神」としてご臨在される。たとえそれが教会の外であっても、イエスのお働きが世にあるとき、匿名のキリストがおられるのである。ヨハネ福音書一章一節で神のことばなるキリストは創造のはじめからご臨在されている。「初めに言があった。言は神と共にあった。言は神であった」（ヨハネ一・一）。このキリストのご臨在を私たちがたとえ完全に理解できなくとも、神秘として信じている。

次に、キリストのご臨在は、主の晩餐においてあると信じられている。これはキリストの歴史的臨在の継続である。聖餐式が執り行われるとき、そこで私たちはイエス・キリストの死とその犠牲を記念し、感謝をささげる。キリストの現臨を祝わっているのである。この信仰において、私たちは罪の赦しと和解を与えられていると信じている。

そして最後に、聖書はもう一つ別のキリストのご臨在について述べている。世の終わりに主イエスが私たちを呼び集めるという「未来に備えられた現臨」についてである（ヨハネ一四・三参照）。主の再臨の日付をだれも知ることはない（使徒一・七）。この再臨というご臨在が明らかになる時まで、私たちが唯一できることは、「主よ来りませ」（黙示録二二・二〇）と祈ることである。

◆第二条とアジアの視点

アジアのキリスト者は、この第二条からいくつものチャレンジを受け取ることになる。アジアの宗教性や文化と容易に調和しない深い亀裂がここには認められるからである。キリスト教信仰の用語や概念には、それぞれにニュアンスや前提があり、これらを翻訳するには相当の困難を伴うことになる。大事なことはこうした理解のズレや相違点があることをまず率直に認められるかどうかにある。なぜなら、こうした違いに無頓着なまま、信条の言葉を無理強いして理解させようとしたり、むりやり押し付けたりすることは決して良い結果をもたらすことはないからだ。ここでは、こうしたズレや相違点があることを踏まえて、いかに信仰の理解を進められるかを考えておきたい。

アジアにおいても、イエス・キリストはよく知られている。そして尊い存在として敬われている。イエス像は、預言者、グル、霊的指導者にして道徳の教師、あるいは賢者といった風に幅広い見解がある。またイエスが受肉した神であると認められ受容されている場合も少なくはないし、イエスの肖像画や十字架は、例えばデザインとして日々の暮らしに自然ととけこんでいる。

しかしながらこの敬意の払われ方にまさに問題も存在する。たとえば、イエスを唯一の救い主とする信仰や、イエスの受肉は唯一無二であることは、キリスト教の伝統にとって基本的な事柄であるが、アジアではこうしたことでさえも問題になる。アジア圏ではすでに受肉の存在者が多数あると信じられており、イエスはその一つとみなされることがある。そのため、イエスが受肉した神の子であることも、また偉大な教師として尊敬されることも特別に難しいことではない。しかしまさにそれが原因で、イエス・キリストの啓示や受肉の唯一無二性を主張することに困難が生じている。

例えば、アジア圏のイスラム社会では、イエスは神の預言者として敬われている。しかし神の子イエスという教えは明確に斥けられている。そこでしばしば見られるキリスト者の反応は、手ごろな聖句を引用して、イエスの無比性を主張することである。「私は道であり、真理であり、命である」（ヨハネ一四・六）や、使徒言行録の一節、「ほかのだれによっても、救いは得られません」（四・一二）などの聖句引用がしばしば繰り返されている。その勢いに乗じて、キリスト教の優越性が他の宗教に対して主張されることもある。

自分たちの正典から自分たちの主張を支える箇所を引用し、それを他の宗教の人たちも同意するだろうという思い込みもある。だがこれは、自分たちの側にある前提を主張して繰り返しているにすぎないので、本当の同意など得られるはずがない。こうして各々の正典を引っ張り出しては、自己主張を繰り返すことからは、互いの違いをますますはっきりさせることしかできない。その相違点について、いったい誰がどのように判定できるというのだろうか。こうした議論は不毛で無益な結果しかもたらさないのである。

さらに、こうした場面で聖書を引用することには、別の危うさがある。キリスト者にとって確かに、聖書にあるイエスのお言葉や、ペトロの信仰告白といった箇所は貴重なものである。しかしこうした箇所は、ヒンドゥー教や仏教やイスラム教といった他の宗教やその信仰に関連付けられるために書かれたものではない。ましてや比較するために書かれたものでもない。

イエスは弟子たちに永遠のいのちと真理を教えるために「十字架の道」を説かれてきた。その道はしばしば神への唯一の道と解釈されてきた。ペトロの言葉にある「救済（salvation）」は、奇跡に言及し、文字どおり「癒し」を意味しているのだ。まるでそれらがキリスト教に関わりない人たちに判断をくだすかのように聖書テキストを用いることは有益なことだろうか。第二条はアジアの他宗教やその信仰に対し、自らの優位点を示すために書かれたものではない。

キリスト者がイエスを救い主として告白するとき、他の神々や他宗教の脈絡を犠牲にしたり、対決する必要などどこにもない。イエス・キリストについて私たちが信じるところを守るために、宗教上の他者を否定し軽んじることは無用なことである。キリスト者の証言は、神が私たちのためになしてくださったことや、神の愛や恵みを他の人々もまた体験するための招きである。それは喜ばしい証しであり、また謙虚なものでなければならない。（すでに十戒第一戒で述べたように）信仰告白に乗じて他の信仰を否定したりするようなものでは決してないのだ。

もう一つ別のチャレンジがある。「苦しむ神」についてである。アジアの文脈でこれをどう理解できるだろうか。救いや解放といった言葉を苦難との関わりで考えるとき、アジアにある諸信仰と明らかに対立するときがある。禁欲主義や黙想やヨガ、また自発的な苦行や修行というものがアジア圏では広く浸透している。意図されているのは、身体の欲望と束縛された精神を解き放ち、修養することにある。そこで苦しみとは、束縛のしるしであり、霊的実践によって克服されるべきものである。苦しみに救済的な価値があるわけではなくて、むしろ修養されて解消されるべきものである。こうした宗教文化の脈絡において、十字架を受容し理解することは時に困難なことである。

また、苦しむ人に神が共にいてくださるという考えも、仏教の教えに照らすならば理解しがたいことではなかろうか。神概念こそが人を苦の世界に束縛するとも考えられてきたからだ。一方で、イエスの共感共苦や、十字架の死にいたるまで示された愛が人々の心に響いてきたのも事実である。こうした深い次元での摩擦と相違点をめぐる対話と相互理解はこれからも必要なことだろう。

また、キリスト教の罪理解は別種のチャレンジにあたる。因果応報のカルマ（karma）の伝統と真っ向から矛盾するからだ。カルマとは、人がどのように生きたかによって報いが与えられるという教えであり、罪の理解と交わることは難しい。アジアに広くみられるのは、人間をつかさどる運命やカルマについての教えである。このカルマの理解と一緒にあるのが生まれ変わり（rebirth-reincarnation）である。ヒンドゥー教や仏教の伝統において、人間は誕生と死と再生のサイクルに捉えられており、そのゴールはこのサイクルからの離脱にある。

解脱（ムクティ）や涅槃（ニルヴァーナ）といった解放の達成こそがその目標である。それは、よい行いと意味ある人生を生きることによって得られるものである。霊的な実践や確かな人生を歩むこと、また真理をめぐる正しい知識を得て瞑想することなどが解放の条件になる。このようなアジアの文脈で、キリスト者が救いや生まれ変わりについて話すとき、言葉は同じでもまったく違う事柄が翻訳され伝えられていることも起っているのではないか。キリスト教の救済観と、アジアの宗教的解放の観点には、本来的に交わらない意味や目的があるようにすら思われる。

アジアの諸宗教に円環的な世界観が見られるのに対して、キリスト教のそれは直線的で、いのちと物事のはじまりと終わりが意識されている。したがって、人間の命に繰り返しなどはなく、その一回性こそが重要である。救いは、イエス・キリストへの信仰を通しての神の恵みが頼りである。人は罪人であり、キリストの業を通してのみ救われるのだ。したがって救いは〝私たちの外側〟から到来するのであって、私たち自身の努力を通じてではない。

もちろん、アジアの解放の伝統においても、神の恵みは意義深い。しかし人間の善行や徳目を無化するほどに意義深いものかどうかは注意が必要であろう。さらに救われるその人の外側から解放が到来するなどと信じることは、到底受け入れられないのではないか。その場合、救いとはあくまでその人の内側から到来するのであり、たえざる自己努力に励むことこそが救済には必要となる。

もちろん、キリスト教が正しい生活についてなんの関心も示してこなかったわけではない。パウロの次のような勧告はこんにちの私たちにも依然として重要である。「あなたがたはこの世に倣ってはなりません。むしろ、心を新たにして自分を変えていただき、何が神の御心であるか、何が善いことで、神に喜ばれ、また完全なことであるかをわきまえるようになりなさい」（ロマ一二・二）。隣人に善行をなすとは、強制力を伴う教えになっているわけではない。あくまで信仰の表現として、自発的になされるものである。それは愛の働きであり、愛こそが正義を求める原動力になっている。その善行は、神の戒めに従うからではなく、むしろ神の愛と恵みが人々の暮らしの中で人に出会い、隣人に仕えていこうと押し出していく、という構図で考えられている。

最後にもう一つの挑戦的な課題を挙げておきたい。輪廻転生と復活との相違点についてである。イエス・キリストの復活は輪廻転生ではない。復活とは、死の向こう側にある現実であり、すべての人がこの復活に与るという約束であり、キリストの復活はその前触れとして受け止められてきた。使徒信条第三条の解説で取り上げることになるが、キリスト教の死者の復活の教えは、生命の再生でもなければ輪廻転生のことでもない。新しいいのちとその創造は神からのギフトである。今や完全に救われまったき者とされた罪深い人間性が神の和解に与るという具体的で究極的な恵みを伝えている。キリスト者は、このように他の宗教とは異なる救済理解をもっている。だからこそ、他宗教の人たちとの間に橋渡しとなるような恵み深い何かを必要としている。なぜなら、その他者が私たちを〝キリスト者である〟と認めるならば、それは私たち自身の内に見られる愛によってこそ認められるものだと思うからである。

❖学びのために

1　みなさんの暮らしや文化のなかでイエス・キリストをどのように理解していますか。みなさんのそばにいる他宗教の隣人たちはイエス・キリストをどのように見ていますか。敬虔な教師やグルでしょうか。学者や教師、救い主や奇跡を起こす人、神人としてみているでしょうか。

2　二千年前の出来事であるイエス・キリストの死と復活は、みなさんの暮らしや教会生活の中でどのようにして現在的なリアリティーになっているでしょうか。

3　イエスについてのキリスト教が有している排他的な主張というものを他宗教の信仰や、またそれに反論する意見と関連付けて考えると、どのようなことがいえるでしょうか。

4　キリストは「すべての人」のために死なれたという確信をキリスト教は有しています。イエス・キリストを救い主として明確に告白しない人々のことを思うとき、これはどのような意味を持っていると考えられるでしょうか。

第三条

聖霊、聖なるキリスト教会、聖徒の交わり、罪の赦し、からだの復活、永遠のいのちを私は信じます。

『小教理問答』

問い　これはなんですか。

答え　私は信じている。私は自分の理性や力では、私の主イエス・キリストを信じることも、そのみ許に来ることもできないが、聖霊が福音によって私を召し、その賜物をもって照らし、正しい信仰において聖め、保ってくださったことを、同じように聖霊は地上の全キリスト教会を召し、集め、照らし、聖め、イエス・キリストのみ許にあって正しい、ひとつの信仰の内に保ってくださる。このキリスト教会において聖霊は日毎に私とすべての信仰者のすべての罪を豊かに赦し、終わりの日には私とすべての死者とを呼び起こし、すべての信仰者と共に私にキリストにある永遠のいのちを与えてくださるのだ。これは確かに真実なのだよ。

聖霊によって生かされる

この『小教理問答』の冒頭でルターは、「私は自分の理性や力では、私の主イエス・キリストを信じることも、そのみ許に来ることもできない」と述べている。驚くべき言葉ではないだろうか。私たちの人生は日々に連続する小さな〝信じる〟から成り立っている。毎朝家から出かける際には、電車やバスが時間どおりに来ることを当然のように信じている。橋を渡るときにその橋が崩れ去ることなく安全に渡れることも信じているし、問題なく自分の行き先に行き着くことを当然のように思っている。一日が終わり眠りに着くときに永遠に目覚めぬことを心配しているわけでもない。私たちの日々の暮らし自体がこの世界の信頼のネットワークにおいて成り立っているかのようである。

しかしルターの神学的洞察は、そのような信頼のネットワークのさらにその基礎部分にある生の極みを言い当てている。それが聖霊の力についてだ。私たちの人生には確かに自分の知力や強さだけではなしえない事柄もあるが、イエス・キリストを信じる信仰というものもまた、私たちの人生の「信じがたい出来事」の一つとして数えられている。イエスは「木はその実で分かる」（マタイ一二・三三）とお教えになられたが、第三条はさらにその木の根元がどうなっているのかを見極めようとしている。

人の歩みは、様々な出来事に見舞われながらも希望と絶望を交錯させながら進んでいる。受験や就職などで人生の希望と絶望を味わうこともあれば、愛する人との出会いや別れに深い思いを抱くこともある。また人が何を所有しているのか、どんなことを成し遂げたかによって、自分や他人を評価することもあるだろう。しかしながら、使徒信条は、さながら目に見えるものではなくて、目には見えない奥深くにある根っこのようなものへと心眼を向けるようにうながしている。尋常ならざる勧めでもある。根っこを見つめることは、未来をあおぎみることだというからだ。

自分たちの信頼の根を探り出し見つめることから自らの未来を期待することになる。希望を抱いて未来を見いだそうとするとき、使徒信条はそこに聖霊があるというのだ。「聖霊が福音によって私を召し、その賜物をもって照らし、正しい信仰において聖め、保ってくださった」というのは未来に期待し、またそのような未来を形作ることを意味するのだ。聖霊の働きは、聖化という言葉で説明されてきた。すなわち、私たちを主のもとに導く聖霊によって私たちは聖なる者とされるのである。

私たちの信頼の根っこには、なにがあるのだろうか。理性や能力に尽きると考える人たちがいる一方で、ルターはその信頼の根に聖霊の働きがあることに注意深く目を向けている。その聖霊が私たちにまず与えているものが信仰と信頼である。次のような聖句が真実であると思えるとき、それはすでに聖霊の働きがあってのことではないだろうか。

わたしは確信しています。死も、命も、天使も、支配するものも、現在のものも、未来のものも、力あるものも、高い所にいるものも、低い所にいるものも、他のどんな被造物も、わたしたちの主キリスト・イエスによって示された神の愛から、わたしたちを引き離すことはできないのです。（ロマ八・三八―三九）

こうした信仰も聖句も聖霊の理解も、パウロにとっていずれも神からの賜物であり、まさに「同じ唯一の〝霊〟の働き」であり、霊が望むままに分け与えられたものである（一コリント一二・一一）。聖霊は日々キリスト者の歩みを生きた信仰に基礎づけてくれる。私たちがその日を生き抜いて、そして信仰と信頼をもってこの世界を歩むよう導いているのである。そのような生と歩みに伴うものをガラテヤの信徒への手紙では具体的に述べている。「これに対して、霊の結ぶ実は愛であり、喜び、平和、寛容、親切、善意、誠実、柔和、節制です。これらを禁じる掟はありません」（ガラテヤ五・二二―二三）。

聖霊は目にはみえないが被造物全体と共にあるのだ。聖霊は、神が望むことを私たちがなすように守り導き、そして助けてくださる。ヨハネ福音書一六章では、イエスは聖霊について私たちを日々の生活を守る「弁護者」と教え、ローマの信徒への手紙八章では私たちの「執り成しの霊」であると伝えている。使徒信条は聖霊の働きについて人格的な側面を述べてはいないが、教会の脈絡でその働きへと私たちの目を向けさせている。

聖なる公同の（キリスト者の）教会

アウグスブルク信仰告白によると、教会とは「全信徒の集まり」であって、そこで「福音が純粋に説教され、聖礼典が福音に従って与えられる」ことを教会のしるしとしている。この有名な条項はしばしば教会の定義として引用されるが、そうすることで恵みの手段を解き明かしてもいる。すなわち、教会とは神の恵みの賜物でもあるのだ。

確かに教会とは社会的で文化的な実体をもった存在であるが、この告白文書によれば、教会は神によって創造されたものであり、神のお働きによって生まれ導かれているものである。教会についての中世的な理解に対して、ルターが強調したのは、教会とは建物や組織であるよりも信仰者の呼び集められたコミュニティーであるということだ。ルターはそう述べることで教会の制度を軽んじていたわけではない。その関心は、福音が宣べ伝えられることにあった。

福音宣教によって、人はイエス・キリストの恵みと慈しみに確かな望みを抱くことができる。福音を耳にして心で受け止めるときはじめて、洗礼や聖餐が神の恵みの手段であることを心から理解できるのである。教会は信仰者の集まりであり神の家と呼ばれているがその実態は、教会がこのような福音宣教をなしているからこそ、そのように呼ばれるのである。教会において、聖書が読まれ、神の良き知らせが説教され、聖礼典が執行される。これらすべてが指し示しているのは、イエス・キリストである。

教会はキリストを中心としたコミュニティーであり、また「イエス・キリストを土台」としている。ここで教会とキリストとの関係は重要である。教会がキリストを所有するのではない。教会の方こそがキリストのものなのである。イエス・キリストの生と死、そのお働きも、そして復活も、それらすべてが教会と呼ばれるコミュニティーの中心であり、その中心から教会が作り上げられていくのである。

また、キリストのからだとしての教会は、キリストの職務をこの世で担う使命がある。この使命のゆえに、教会は自らのために存在しているのではなくて、この世界のために存在している。教会の語源にあたるギリシャ語エクレシアは、この世から「召喚される」という意味があり、同時にこの世へと「戻される」ことも言い表している。

ニケヤ信条はさらに教会を「唯一の、聖なる、公同の、使徒的な」という四つのしるしで定義している。これら四つはあくまでも教会の理念的な側面を言い表しているものであり、実際の教会において、いずれもがめったに実現したり体験できるものではない。「教会が何を主張しているのか」と「実際の教会がどんな存在であるか」という緊張関係がここに見られる。教会は場合によっては、自分たちが主張していることとあべこべの実体を見せていることもあるからだ。

一致を語る教会は、いくつにも分かたれている。唯一の公同の教会を告白しながら、津々浦々に散在する諸派の教会が存在している。また教会は聖なるものというよりもむしろ、罪深い現実を示すこともあるだろう。そして使徒的権威はしばしば、権威主義的でちっぽけな自由を振りかざす言葉になりさがる危険もはらんでいる。そのような現実に触れるならば、所詮、教会もまた人間的な組織にすぎないと思われても仕方がないだろう。しかしながら、まさにそこでこそ、そのような教会自らが「教会のしるし」に立ち戻ろうとすることが大事なことではないだろうか。信条にある「教会のしるし」を告白することは、この理念に一致した教会へと繰り返し再確認（re-vision）することであり、教会自らが再形成（re-form）されることを祈っているのである。

◆第三条とアジアの視点(1)

第三条は、「私は教会を信じる」ではなくて、「聖霊を信じる」ではじまっている。このことはアジアの文脈でひときわ重要である。教会を建て上げ、真に生きたものとするのは聖霊の働きである、という思いが感じられるからだ。みことばが聞かれ、その言葉が信じられるときに何かが起こる。すなわち、教会が起こされる！これは他者なる神と他者との関わりにおいてこそ起こされる共同の出来事である。イザヤは「そのように、わたしの口から出るわたしの言葉も／むなしくは、わたしのもとに戻らない。それはわたしの望むことを成し遂げ／わたしが与えた使命を必ず果たす」（イザヤ五五・一一）と述べているとおり、教会とは聖霊のみ力を通してみことばによって起こされた〝出来事〟なのである。

教会の建物は建物にすぎないという面と、それがしるしとなり、なにがしかのことを物語る場合とがある。プロテスタントの教会の伝統は、みことばや信仰といった目に見えないものに目を注ぐ反面、教会の建物や目に見える部分をできるだけ簡素にすませる傾向がある。それでも多くの教会のデザインは来会する人を迎えるようにと開かれ、そこで神のご臨在を感じ、また祈ることができるようになっている。「みことばの家」としての教会像である。

この〝みことば〟と〝家〟との関係は、混同されてもならないが、かといって別々に考えられるものでもない。特にアジアの伝統においてこの建物が何かを象徴し意味する世界は広くまた深い。寺院やモスク、神社や卒塔婆、そして教会はしばしば町の中心に置かれ町の特色をなしたり地図の目印になったりしている。第二次世界大戦中、ある町が空爆によって破壊された時、人々は自宅の再建の前にその町にあった教会堂を立て直そうとした話が今に伝えられている。教会の建物とその場所をいかに信徒が大事に思ってきたかを伝えている話であり、さらにその奥深くには、アジアのキリスト者がどのように信仰を形成し、霊性を滋養してきたかを垣間見るエピソードである。

アジアの他宗教と伝統の中にある教会は、この第三条を通して、自分たちの土地建物も含めて、一体それが何を意味しているのかを改めて思いめぐらす機会を得ることになる。またその社会で少数者のグループでありながら、キリスト教それ自体が多数のグループに分かれて存在する事実はどう考えたらよいのだろうか。あるいはこのアジアの脈絡で、教会の一致や公同（普遍）性は何を意味するだろうか。アジアの教会は他に開かれた存在だろうか。それとも閉じられたコミュニティーになっているのだろうか。ジェンダーや階級、民族や文化といった違いにおいて教会の包括的な性質をどのように推進することができるのだろうか。

アジア圏にある諸文化には霊性に対する深い感性が存在する。この霊性を踏まえて、教会もまたその「聖性」という自らのアイデンティティーを考えることもできるだろう。聖性とは聖霊と共にあるものである。教会の聖性は、道徳的な完成度や禁欲主義とはほとんど関係がない。教会が他の宗教共同体との比較において道徳的に優れているとか、霊的により聖いものであるとか、そのようなことを主張する必要はない。教会が聖であるのは、まずそれが罪赦された者の集まりであることを言い表しているからである。
　他方で、こんにち的な脈絡から聖性について異なる理解も見られる。自由を求める人々の戦いや、平和と安寧のために苦闘するところで聖性が考えられているのである。ミカ書に、「神と共にあって正義を為して慈しみを愛し謙虚に歩む」（六・八）とあるとおり、ここにこそ値高い従順があり、真の意味での「道徳的な証言」を教会は求められている。少数者の共同体である教会は、現状に埋没して、正義と平和に関わる活動から遠ざかることがあり、これもまた誘惑の一つである。教会が聖性に集中するとき、社会の課題からしりぞくことを意味する場合がある。しかし、この世界にあって神のご支配を求める預言者的な霊性とその実践こそが聖なるものだという考えがそこでは求められているのである。

❖学びのために

1　みなさんの暮らしの中で聖霊の働きについてどのような表現があるか話し合ってください。
2　みなさんの教会は「包括的な」コミュニティーでしょうか。みなさんの教会を分かつような課題にどんなものがあるでしょうか。そしてどのようにその課題に取り組むことができるでしょうか。
3　みなさんの社会で教会の証しとはどのようなものでしょうか。教会が隣人とその課題に関心を寄せたり取り組んだりできていない領域にはどんなものがあるでしょうか。

聖徒の交わり

「聖なる公同の教会」と並んで「聖徒の交わり」について私たちは信じ、教え、告白する。この交わりは恵み深い神の出来事から分離することはできない。ルターによると、この聖徒の交わりとは、「この地上にひとりのかしら、キリストをいただく聖徒たちばかりの聖なる小さい群れ、あるいは会衆」のことである（『大教理問答』六一八頁）。元来の意味は、聖徒たちの「交わり」ではなくて、「集い／会衆」を意味する。

ルターと同時代を生きた画家ルーカス・クラナッハは、ヴィッテンベルクの聖マリア教会の祭壇画を描いている。プレデッラ（祭壇画下部）の作品は、「聖徒の交わり／会衆」を神の恵みの出来事として物語っている。この絵の中央には十字架のイエス・キリストがおり、その右側にまっすぐに十字架の主を指さしている説教者ルターが描かれている。この中央と右側はセットで説教が何であるかを教えている。しかしこの全体の構図からいえば、それは半分に過ぎない。実はこの左側には、ルターの説教に耳を傾ける会衆が描かれている。人々が耳を傾けているのはルターの説教であるけれども、その目が見ているのは十字架の主であるイエス・キリストなのだ。

ルーカス・クラナッハによる聖マリア教会祭壇画のプレデッラ

これはルターの死後、一五四七年に描かれた作品であるが、そこにはルターの妻カタリーナや、最初の子であるハンスや娘のマグダレーナが描かれている。子どもたちの年齢は実年齢ではなくて幼き日の面影であり、日付としては合ってはいない。この絵は説教だけでなく、教会とその教えである教理問答（カテキズム）が何であるのかを伝えている。

ルターが小教理問答を著わしたとき、最初の子であるハンスは三歳ほどの頃であった。父親であるルターに素朴な質問をしてくる息子に対して、その年齢に応じてキリストの信仰について理解してほしいという願いがあった。そうして書かれた小教理問答とは、ハンスのような幼子にも年老いた人びとにも共に分かち合われるべき福音を伝えようとした書物であり、それ自体が共同体的なものであった。

そこに描かれているマグダレーナはルターの三番目の子どもであるが、ルター夫妻にとって、幼児期を生き残った最初の女児でもあった。しかし残念なことに彼女は十四歳で召天している。しかも長い闘病生活の果てのことであった。その死はルターとその家族にとってつらい体験であり、試みの時であったと言われている。

どうしてクラナッハがその祭壇画にそれぞれの実年齢に合わない子どもたちを描いたのか、その本当の理由は分からない。しかし祭壇画の会衆の中に幼き日のハンスとマグダレーナが描かれていることには、この信仰者の群れ（community of believers）がいったいどんなものであるのかを物語っているのではないか。

私たちの日々の暮らしは数知れない出会いと別れで織りなされている。親しい者に別れを告げるとき、私たちの交わりが、死者も生者も区別なく、聖徒の交わりに含まれていることを知らされることになる。復活の主は、あの十字架の主でもある。イエス・キリストは生けるものと死せるものの主である。キリストを信じる信仰には、私たちがまたあの愛する人たちと再会するという希望をもって今を歩み続けることもまた含まれているのだ。それでは、こうしたことを信じる信仰は一体どこから来るのだろうか。

それが、「聖霊を信じます」であり、その聖霊は弁護者（ヨハネ一四・一五）にして、「喜ぶ者と共に喜び、悲しむ者と共に悲しむ」（ロマ一二・一五）主イエスについて教えてくださる霊の働きである。キリストが真にご臨在なさるとき、私たちは聖霊の力を通して神の恵みによって聖徒の交わりに与っていることになる。

◆第三条とアジアの視点⑵

神学者である小山晃佑は、一五四九年に日本に最初の宣教師として来日したフランシスコ・ザビエルの書簡を紹介している。書簡には、ザビエルの宣教に感銘を受けた村人との問答が記録されていた。その人は福音を耳にすることのなかった人たちの救いについて、ザビエルに尋ねたのである。これに対するザビエルの答えは、救いの可能性は無いというはっきりとしたものであった。

その返答は「教会の外に救いなし」という古くからの考えに根差していた。この点についてキリスト者も様々な思いを抱いており、決して一様な結論に到達しているわけではない。これは聖書釈義にも関する問題であり、たとえば「神は、すべての人々が救われて心理を知るようになることを望んでおられます」(一テモテ二・四)といった聖書の証言も熟慮の対象となるだろう。

キリストの現臨というものを教会内に制限し、救いの賜物がキリスト者だけに及ぶと主張するとき、キリスト教固有の誘惑があることに気づかされる。聖書におけるキリストの現臨は、創造のはじめからある(ヨハネ一・一)と言われ、その現臨はこの世に隠されており(マタイ二五章)、第二条では現臨の三つの仕方について言及されている。聖なる交わりとは、キリスト信仰を告白するものだけに制限することはむしろ困難である。なぜなら、神がどのように教会の境界線の外にある人たちにその手をさし伸べ、救いに与らせようとしているかを見極めることはできないからである。

アジアのキリスト者は、先達から受け継いだものや、そのきずなと交わりを大事にしている場合が少なくない。祖先にあたる多くの人たちは、キリストの福音も知らなかったのであり、そこに何の接点もないという神学的な見解に対して慎重であるべきであろう。聖徒の交わりがこうした脈絡を無視して、キリスト者の交わりだけに限定されることはあまりに問題が大きいのである。

そうした無遠慮な思索にはなにかが欠けている。アジアの人たちが先祖から受け継いでいるさまざまな遺産を拒み斥けることは、自らの一部であるアイデンティティーを捨て去るに等しいことである。祖先崇拝はアジアの文化の一部であり、熟慮を要するよい例にあたる。この現実を顧みるとき、アジアのキリスト者の祖先とは、より大きな聖徒の交わりの一部ということにならないだろうか。

なぜなら、キリストに結ばれている私たちの存在は、この無数の先達たちの存在と関わりを無視して成り立つこともまたないからである。イエス・キリストの信仰をたとえその人たちが告白していなかったとしても、である。神がこのようなつながりのある人々を聖とすることは、私たちの内にある希望であり、私たちを通して実現される希望でもあるのだ。聖徒の交わりや教会というものを、今いる人たちによって明確な線引きをしてしまうことは、無償で無限定な神の恵みの賜物から後退する危うさもはらんでいるのである。

罪の赦しについて

「あなたに背いたことをわたしは知っています。わたしの罪は常にわたしの前に置かれています」(詩編五一・五)という詩人の告白は、ルターも含む神学的な罪理解の伝統を要約しているかのようだ。この理解に立つと、人間は罪人である。罪の性質は神と被造物である人間の関係の断絶にあり、ある種のゆがみである。さらに深刻な見解は、人はそのゆがみを自ら正すことができない。

ルターがこの理解に到達したのは、机上の勉学や思索によってではない。実際の人生体験から得られた洞察であった。ルターの罪理解には単純に受け取ることができない深みがある。果樹に例えるならば、ルターはその果樹の枝葉や、その実といった見える部分に問題を発見したが、ルターが本当に悪戦苦闘することになったのはそこではなかった。むしろ果樹が病んでいるのは目に見えない根っこの部分であったからだ。人間存在の生の基本条件をめぐる苦闘と考えてよいだろう。それは義認と正義をめぐり、そこでなにかがおかしいことに気づいていたのだ。

それゆえキリスト教の罪理解は法律の違反や道徳的な事柄を守らなかったというような可視化できる部分にかぎらない。人間という存在の神秘に関わる部分であり、神と隣人と他の被造物とのあり方に関する問題でもある。だからこそ罪の理解は、ただ人間の心の中だけを問題にするのではない。

罪はそのような関係性の中に潜むので、共同体や社会の中にも現実的に見いだされるものとなる。こうした罪の大きなスケールについては、パウロがローマの信徒への手紙で述べているとおりであろう。「被造物は、神の子たちの現れるのを切に待ち望んでいます」（ローマ八・二〇、一九―二五を参照）。罪から解き放たれるとは、「あなたに背いたことをわたしは知っています」と告白しているとおり、その罪が赦され、受け入れられていることを意味する。これは個々人の生においてだけでなく、私たちの社会や神の被造世界に広がる地平もだ。罪の現実が、社会的な次元を含んでいるならば、その罪の赦しもまた、社会全体を照らす光になるからである。

ルターが日々の罪の告白を大事にした理由は、このようにそれが希望となり恵みの出来事となるからである。日々の過ちと不足のあら探しをするのが罪の告白ではない。真に自らの存在が受け止められ、他者と共に生きる力を与えられる恵みの出来事なのだ。したがって罪の告白とは単なる宗教儀式に終始することではなく、それ自体が良き知らせであり、福音であり、誰かに伝え、誰かと分かち合わずにはいられないものなのである。

◆第三条とアジアの視点⑶

スリランカ出身の司祭アロイジゥス・ピエリスは、アジアの神学的課題として、「アジアの民衆の貧しさと豊かな宗教性」の二つを挙げている。この脈絡で見た時、罪の赦しが日々の暮らしにもたらす意義は深い。罪の現実は、貧困と飢餓、そして搾取や抑圧において引き起こされた苦しみの現実と共にあるからだ。アジアの宗教伝統ではそれゆえに人間の苦しみの現実や、その原因を克服することへと向かう。キリスト教信仰もまた罪の現実（神に背くこと）とその結果というものが私たちの日常生活に根差していることを認めている。罪と苦しみは相互に深く関わりあっているが、その解決は人間のコントロールを超えているところがあり、神の介在が必要となる。

十字架の神学は、あらゆる人間に関わる苦難に参画するキリストの死というものを深く見つめようとする神学的伝統である。キリストは〝すべての人のため〟に死なれたとキリスト者が告白するとき、そこではあらゆる人間の苦難というものが考慮されている。実際、人間の歴史は苦しむ人々の歴史でもある。それゆえにイエス・キリストの受難は、苦しむ人間の受難というものを内包する。キリストの赦しとはあらゆる人間性を受容することであり、神の赦しとはキリスト者だけに限定されるようなものではなくて、キリスト者であれそうでないのであれ、人々の罪の真の悔い改めに自由に伴うものである。

ここにある罪の赦しを信じるという信条の項目は、私たちがただ神が慈しみ深く私たちの罪を赦してくださるということだけでなく、私たちの日毎の暮らしで共に生きる隣人たちに神の赦しをもたらす者になる、ということの告白でもあるのだ。エフェソの信徒への手紙で、「互いに親切にし、憐れみの心で接し、神がキリストによってあなたがたを赦してくださったように、赦し合いなさい」（四・三二）と述べているのはそのとおりである。日々の暮らしで赦しが実現しているならば、そこに聖霊の働きが豊かにあることを私たちは告白しているのである。

からだのよみがえり、永遠のいのちを信じる

ルターが「神が存在する」ことから「神がどのようなお方であるのか」という考え方を区別していたと述べたが、私たちの日常の暮らしではそのような区別を貫徹するようなことはあまり起こらない。むしろ「神が存在する」ということをぼんやりとでも信じることはあっても、「神がどのようなお方であるか」まで考えを詰めようとすることはめったにない。この「神がどのようなお方であるか」は聖霊の導きにおいて知らされる事柄である。こうした洞察によって私たちは自らの死や万物の終わりについて信仰を通じて得られる認識があることを知るのだ。

キリスト者の中にも最後の審判というものを恐ろしい破滅として声高に伝え、それを回避するために回心を呼びかけるような人たちもいる。そのような黙示的なメッセージに対し警戒感を示すような人々であっても、戦争や自然災害や環境危機の厳しくもまた暴力的な現実に胸を痛め、そして危機感を抱くことがある。「最後の事物」はそこでは超常現象ではなくて、まさに現実として差し迫っているもので

ある。またより個人的な次元では、自らの死を身近に感じる時に終末的な現実を感じ思うこともあるだろう。

これら諸々の現実が身近である一方で、信条の「からだの復活、永遠のいのち」から、もう一つ、自然な知識を超えた事柄を学ぶことができる。ルターの場合、それが聖霊を信頼することを通して始めて開示される知識であった。大教理問答において、聖霊は「最後の審判の日まで絶え間なく働き続け……会衆（教会）を定め、それをとおしてすべてを語り、また働かれる」（『大教理問答』六二〇頁）のである。

この聖霊の働きを通して知らされるのは、来るべき時の日付や、復活のからだがどのようなものであるかという思索への答えではない。むしろ、私たちの最期のそのときまで、私たちと片時も離れることなく共にいてくださる方について教えるのである。聖霊の働きは、私たちが死を避けられるようにすることではない。たとえその時がきて死を迎える者であっても、神が私たちの生と死を通して私たちを全きものにしてくださるということだ。聖霊を信じることは、この完成の恵みを信じることでもある。

もし、私たちが自分の全生涯を一枚のキャンバスに描くとするならば、そこには羊飼いが必ず描かれるであろう。再びここでルターの言葉が重要になってくる。「私たちの理解や力によって私はイエス・キリストを信じることができない」。

この世で生きることの厳しさが切実で、病や死というものが恐ろしくもまた差し迫ったものであるとき、どれほどにそれが私たちの人生にダメージを与えるものなのかを思い知らされるときがある。信仰によってこのような生の現実を取り去らせるわけではなく、また試みの時に恐れも心配もないと言い聞かせ、そう振る舞うことだけがキリスト者に与えられた選択ではない。聖霊は、そこでこそ希望というものを見いだし、苦しみと死の現実のなかで希望と命を見いだすよう導くのである。「わが主、わが羊飼い」が意味するのは、神は決して私たちを死のゆえにあきらめるようなことはなさらないという意味である。主イエスが「あなたがたをみなしごにはしておかない。あなたがたのところに戻って来る」（ヨハネ一四・一八）と言われているとおりであり、そこで私たちが聖霊を信じることは、私たちがたとえ死の門をくぐるときでも私たちには主がおられ、羊飼いがいてくださる、ということである。

◆第三条とアジアの視点⑷

「主は私の羊飼い。私には何も欠けることがない」（詩編二三・一）。この詩編の一節はおそらく他のどこよりもキリスト者の看取りにおいて朗読されてきた聖句の一節ではなかろうか。ホスピスのチャプレンである安倍勉牧師はこの慰めの一節を看取りの際に唱え、家族と共に、「主よこの新しい命をあなたの御手のうちに迎え祝福してください」と祈りをささげていた。聖書の一節とその祈りは患者自身がこの地上で最後に耳にする言葉でもある。そのような職務の経験から、人間は終わりの時に、「羊としての自分」という未知の自分に出会うようなものであるとその洞察を分かち合っている。聖書の表現に従うならば、私たちはエバを唆した蛇でもなければ、獅子や狼でもなく、羊なのである。

考えてみるならば、私たちはその一生を通じてこの未知なる自分に出会う旅路を歩んでいるようなものなのかもしれない。若い時には若い自分に向きあい、老人になると老いた自分と向き合っている。同じように健康なときもあれば、病のときがあり、精気にあふれるときもあれば弱々しい時もある。富めるとき、貧しきときがあり、喜びの時、悲しみの時があり、そして生と死の双方に差し向かう時がある。その折々に、まだ経験したことのないような「わたし」に出会うのだ。

私たちが証人に召されるというとき、それは決して抽象的なものではない。私たちは私たち自身とまず出会うのである。しかし一体、羊としての自分というものに真に出会うのは、いつであろうか。この羊という象徴は、人間には導き手が必要だということを思い起こさせている。主が私の羊飼いということを認めるとき、神との関わりにおいて、私たちが何者であるのかを知る時になる。

人は、ただ一人で生きて、そしてただ一人で死ぬものではない。この事実に思いいたるときがあるのだ。しかしながら、小教理問答は、この孤高でいて、神秘的な生の洞察にあるもう一面を示唆している。すなわち、「私はあなたの主、あなたの羊飼い」という呼びかけであり、これこそが霊的な経験である。

ドイツの神学者であるディートリッヒ・ボンヘッファーはナチに捕らえられ処刑されるまさにその時、次のような復活の希望の言葉を残している。「これが最後です。私にとっては命の始まりです」。からだのよみがえり、永遠のいのちを告白する事柄の核心部分がここには述べられている。一体死の陰を歩む彼に何がそう言わせているのか。再び第三条にもどりたいと思う。「私は聖霊を信じます」と。

❖学びのために

1　「聖なる交わり」とは何を意味しますか。この交わりにだれの顔を思い浮かべますか。そこにみなさんの祖先にあたる人々はいますか。

2　みなさんの暮らす文化で赦しとは何を意味しますか。だれがだれを赦すのでしょうか。あるいはこの赦しには何かを犠牲にしたり生贄にするようなことがありますか。

3　からだの復活、永遠のいのちはみなさんの文化で何を意味しますか。死はどのように理解されていますか。

三　主の祈り

天におられるわたしたちの父よ、
み名が聖とされますように。
み国が来ますように。
みこころが天に行われるとおり地にも行われますように。
わたしたちの日ごとの糧を今日もお与えください。
わたしたちの罪をおゆるしください。わたしたちも人をゆるします。
わたしたちを誘惑におちいらせず、悪からお救いください。
国と力と栄光は、永遠にあなたのものです。アーメン。

主の祈りは、キリスト者のもっとも身近な祈りである。主日に唱え、日々の祈りに用いられ、学校や施設でも祈られており、生涯を通じて唱えることができるからだ。また、この祈りは福音書に記されている主イエスの祈りであり、人々にもっともよく記憶されている聖句でもある。

主の祈りは、マタイ福音書六章九―一三節とルカ福音書一一章一―四節に記されている。マタイ版の主の祈りは、イエスが弟子たちに祈りを教える場面であり、そこで祈りについて詳しく教えられている。他方のルカ版では、弟子たちの方がイエスに祈りを教えるよう乞うている。小教理問答は、マタイ版を基本にしており、その箇所は山上の説教のような一連のイエスの教えが続いている。弟子教育の脈絡にあり、イエスに従う者たちに向けられた倫理的勧告になっているのだ。

ルターはこれを信徒教育のために活用しようとした。神はどのようなお方で、他者にどのように関わり、生き方にどんな影響を及ぼすのか。そのような解説を通して、キリスト教信仰の基本を学べるようにと考えているのだ。しかし、ただ敬虔な振る舞いについて教えているのではない。これまで生きてきた価値観から方向転換し、その人自身とその生活世界が変革されることを期待する学びとなっている。

主の祈りを真に理解するならば、祈りの文言のいずれもが気ままに祈って終わらせないことに気付くであろう。ルターは、このような気付きから、無為に祈ることはもちろんのこと、善行や救いの条件として祈ることを厳しく斥けている。

肝心なのは、主の祈りの文言一つひとつに対して心を込めて祈ることである。さもなければ、この祈りの豊かさは、いとも簡単に見落とされてしまう。この祈りは、自らをひとり神のみ前に立たせる。そこで人は聖なる神のうちにある無条件の愛に招かれ、立つ者となる。その祈りの真価は、私たちの祈り方にあるのではなく、祈りの言葉とその内容にこそ秘められている。

ここでの学びのために、内容を二つに分けて考えてみたい。前半の四つの願いは、神との関係が軸になっており、後半は隣人との関わりである。それぞれの祈りに込められた具体的な願いがあるものの、神の慈しみと公正を熱心に求めることは共通している。祈るのは私たちであるけれども、祈る心もまた神ご自身が私たちのうちに働きかけてくださることであり、祈願の成就も神の助けによって起こるものである。私たちはそう信じて祈る。

また、主の祈りは、霊的な実践についても明らかにしている。宗教的探究は、ただ精神世界のことに限られたことではない。人々の具体的な歩みに関わっている。祈ることによって、日々の出来事にこれまで以上に恵み深い出来事が見いだされる。日々の生活の局面において確信が与えられ、生きる励ましを得ることもあるだろう。しかし主の祈りの実践はそこにとどまらない。さらにこの祈りが有している大きなビジョンに出会うことになる。ここでは、そのビジョンがどのようなものであるかを一つずつ吟味してみたい。

導入

天におられるわたしたちの父よ

『小教理問答』

問い　これはなんですか。

答え　神はこれによって私たちを促して、神が私たちの真のみ父であり、私たちがその真の子らであると、私たちが信じるようにしてくださっているのだ。こうして私たちは愛する子らがその愛する父に願うように、安心して、あらゆる信頼をもって、み父に願うのだよ。

神とはどのようなお方であるのか。伝統的にキリスト教はこれを父子関係の枠組みから理解しようとしてきた。この導入部は、典型的な例であり、父親の愛情が神の愛を知る端緒になると考えられている。小教理問答の関心は、神の愛と信頼であり、父なる神が人間の父親以上のお方であることに向けられている。したがって、ここの文言から天の父は地上の父親以上に（本当に）信頼できるのか、地上の父親は天の神を鏡のように映し出しているのか、などとさらに議論を展開しても、この祈りの理解が深まるわけではない。

「父」という言葉は、さまざまな時代を通じて問題となってきた用語でもある。とりわけジェンダーの観点から、このような言語の使用が解放のビジョンにつながることはないと論じられてきた。教会や社会にある男性中心主義を指摘し挑戦するために、この祈願に「母」を含めること（使徒信条の第一条でも言及）や、神を「親」として表現する提言もある。こうした言葉の置換には、より包括的な用語を使用することによって、ジェンダーの平等が目指されている。こうしたジェンダーとその公正が求められる一方で、その「父」という言葉は本来、男性優位を推進するかのような言葉ではなかった。人や世界に向けられた神の愛を表現するためであり、父と母とを対立的に用いるような用法ではない。「私たちの父なる神」という言葉の喚起作用は、被造物に向けられた近しさや親しみ、温かな交わりのイメージを伝えようとしている。

また、「神の家（希語オイコス）」という神学用語に関連づけて第一の願いを考えようとする別の試みもある。神の家（オイコス）は、教会や共同体よりももっと大きな概念である。オイコス（神の家）においては、いかなる集団も他のだれかに特権を主張することはできない。等しく皆が神の子どもであるからだ。男も女も、ユダヤ人も異邦人も、等しく神の子としてのアイデンティティーが共有されている。

私たちはみな神の愛する子として生きているのであり、他人と比較し劣っているなどと考える必要はない。

この神の家の思想から主の祈りを理解することは大事な点になる。キリスト者であるかどうかを超えて、あらゆる人間が「神の像」であり、また神はあらゆる人々の「親」であるといった大きなスケールを示しているからである。

神はジェンダーを超えておられるのだが、現代のジェンダー論に照らしあわせると問題となる言葉は多い。主の祈りの「父」も例外ではない。第一の願いの文言は、神を指し示そうとする言葉とその使用の限界と困難を私たちに教えている。

◆主の祈りとアジアの視点(1)

主の祈りにある「わたしたち」という言葉もまたアジアの文脈で熟慮を要する。周知のとおり、アジア圏において強力な集団的アイデンティティーがいたるところでひしめき合っているからだ。とりわけ宗教の多元的状況下で、この「わたしたち」という言葉の使用は注意深くなければならない。アジアにおける宗教文化の起源は、紀元前五〇〇〇年前にさかのぼる。南アジアを見るだけでも、ヒンドゥー教や仏教、ジャイナ教やシーク教といった多くの世界宗教が発生している。また、南アジアではゾロアスター教のような宗教と霊性がみられる。このような社会の中で、キリスト者が絶対的な真理を特権的に主張することは大いに問題であり、対立的な構図を次々に生じさせる原因にもなる。

唯一無二の絶対的真理の主張をいかなる宗教も独占することはできない。神はいのちの神であり創造主であるが、この信仰告白も決して特権的で排他的な主張に行き着くわけではない。すべての人に神の善も慈しみも恵みも向けられているのだ。キリスト教では、文化や言語、宗教や民族といったさまざまな違いにもかかわらず、神はすべての人を愛すると信じられている。それゆえにキリスト者は、「わたしたちの父よ」と大胆に告白し祈るのであり、神を前にあらゆる人間性が神のみ手に包まれ、そしてまたかけがえのない存在であると信じている。

このアジアの脈絡で、神があらゆる人々の父であり、造り主であることを告白するとき、その愛と恵みがどれほど広く、また深いものであるかを思いめぐらしたい。さまざまな宗教が共生するアジアにおいて、神の理解や感じ方の相違があるのは当然であり、このような相違に積極的に学ぶ必要がある。とりわけ、「すべての神の民」というキリスト教の表現は、アジアの宗教の多元的状況からあらためて考えてみる必要がある。この神の民の理解を深められるならば、他宗教の隣人とどのように付き合い生きていけるのか、その方法に展開があるように思われるからだ。

これらのことはアジアのキリスト者にとって避けることができない課題である。現に多くのキリスト者のコミュニティーは、こうした宗教の多元的状況の中で幾世紀もの歴史をかさねてきた。キリスト者も他の信仰をもつ人々も学校で机を並べて学ぶこともあれば、職場やマーケットで日々顔を合わせている。これが私たちの日常であり、社会の現実である。さまざまな信仰と霊性が存在するここでこそ、互いを励ます道が模索されているのであり、きわめがたい神のお働きもまた探し求められているのである。

私たちの天の父は、私たちのうちにいらっしゃるだけでない。〝すべて〟のうちにおられ、同時に〝すべて〟を超えておられる。キリスト者はその日常生活において他の人々と切り離されて孤立して生きているわけではない。私たちも隣人も共通の社会と文化において一緒に大きな真理を探究する環境に置かれている。そこで宗教上の他者に出会うとき、その人たちこそが「わたしたちの父なる神」との交わりにあり、その教えを理解し分かち合っている様を目撃し、それに私たちの方が驚かされることもあるのではなかろうか。

❖学びのために

1　みなさんにとって神のしるしとはどのようなものでしょうか。

2　みなさんの周囲にいる他宗教の人々は神（または究極的な現実）をどのように理解し、またその神は人間とどのように関わっていると考えられているでしょうか。

3　神はあらゆる人間の「父」であるという信仰を考える時、その愛と恵みは宗教の違いのいかんにかかわらず、あらゆる人々に及んでいると考えますか。もし反対するならばその理由についても分かち合ってください。

第一の願い

み名が聖とされますように

『小教理問答』

問い　これはなんですか。

答え　神のみ名は確かにそれ自体において聖いのだが、私たちはこの祈りにおいて、み名が私たちにあっても聖となるように願うのだよ。

問い　これはどのようにして起こるのですか。

答え　それは、神のことばが正しく、純粋に教えられ、私たちもまた神の子らとしてこれに従って聖く生きるところで起こるのだ。天の愛する父よ、そのように私たちを助けてください。しかし、神のことばが教えるところとは違ったことを教え、そのように生きる者は、私たちの間で神のみ名を汚しているのだ。天の父よ、このことから私たちを守ってください。

神のみ名を賛美し栄光を神に帰することは、キリスト教の基本的な信仰にあたる。しかしながら、これらをなぜキリスト者がしなければならないのか、その理由を簡潔に説明することは簡単なことではない。

神のみ名を讃える詩編一四五編には、神を賛美し、栄光を神に帰する信仰を理解する手がかりがある。神は偉大（六節）で、正しい（七節）、義なる（七節）お方である。また慈しみと恵とに富み（八節）、憐み深い（九節）お方である。神は王にたとえられる。その王国は永遠の相の下にあり、そこで暮らす人はみな豊かに育まれ、そして繁栄する。主は、叫ぶ者の声に耳を傾け（一九節）、倒れる人を支え（一四節）、「主に逆らう者」はしりぞけられる（二〇節）。このように、この詩編には古代の王国的言語がちりばめられてあり、こんにちの人々の耳には現実離れしているように響くかもしれない。これらの時代感覚のずれに注意しなければならないが、恵みの神を今に伝える貴重な詩編である。

聖なるみ名を讃えることは、口先の事柄ではない。それは全人的な魂の出来事である。言葉と心と精神は互いに関係している。人は言葉を反復することで、自分たちが何を唱え、なぜそれを唱え、そしてどのようにその言葉に向き合うべきかをより意識するようになるのだ。また、言葉は一連の信仰とその考えを記すためだけに用いられるのではない。私たちの社会を想像し、社会を作り上げる助けにもなる。言語的な表象であると同時に、社会を形成し統御する役割を有する一連の形式でもある。これらの表象はさらに私たちの世界観を形作り、行動をも導くことになる。

それゆえに神のみ名を讃えることとは、神が人々を守り導き、配慮し、支える世界を形作ることへの参画を意味する。人間はいついかなるところでもみ名を喜んで讃えるよう招かれている。この祈願を通して、私たちはみ名が誤用されていないか、みだりに唱えられていないか（十戒の第二戒で見たとおり）を適切に見抜くようにうながされてもいるのだ。

◆主の祈りとアジアの視点(2)

アジアで神のみ名を唱えることを考えると、そこで容易ならざる問題があることに気が付く。もとよりアジア圏において文化や言語は多様であるのだが、神の名前（み名）をそれぞれに翻訳し伝えようとするときに困難に見舞われる。それはただ言語上の翻訳の問題だけではない。すでに数多くの神をめぐる表現が存在し、しかもそれは人々の暮らしに深く密着しているものであるからだ。

文化の多様性の中で、それぞれにふさわしい神の名前が見いだされることは、簡単なことではないが、意義深いことである。まず知っておかなければならないのは、そもそも神は名前を持たない。聖書に見られる〝ヤーウェ〟や〝最上なるお方〟や〝アッバ〟や〝父〟といった神を指し示す言葉でさえも、神の正確な名前とはいえない。それらは呼称に過ぎないからだ。もちろん、呼称には意味がある。神の存在を身近に感じ、私たちから遠く離れているのではなく、むしろ関わりを求め、配慮の神であることを伝えようとする役割がある。

いずれにせよ神を指示する言語に、唯一絶対で他を必要としない言葉があるわけではない。ただ一つの言葉で神を説明し尽くすことなどはできない。あらゆる神の表現は、〝究極的な（宗教的）現実〟の一部を表現しているにすぎないし、その言葉や表現が神を指し示すからといって、それらに神ご自身が束縛されるわけではない。

神の名前（表現）はあくまで隠喩（メタファ）である。メタファは、神のある部分を指し示すために用いられる隠喩であるが、同時にその言葉には神と関わりない部分があることも忘れてはならない。一般的に、メタファは、その文化の中で馴染みのある、よく知られた表現の中から選ばれるものである。表現を通じて神のことがより具体的に、そして〝ピンとくる〟仕方で伝えられるのである。

たとえば、「神は〝森〟である」や「神は〝岩〟である」という表現が使われるとき、こうした表現に慣れている文化圏においては、神のことがよりよく理解できると考えられている。しかしそのような文化圏で、〝森〟や〝岩〟が文字どおりに受け取られているわけではない。つまり、森も岩も神ではないことは、おのずと了解されているのである。メタファ（隠喩）は、神のある部分を分かりやすく伝える表現する方法なのである。メタファとしての神の名前は、人々の日々の経験に深く関わる仕方で神のある一面を伝えているのである。

み名が聖とされますようにと祈るとき、私たちはその名によって、隣人たちが聖としている他の神々や、その名を否定したり拒絶することにならないよう十分に気をつけなければならない。そうしたよこしまな思いからみ名を唱えることは、他者に害をもたらすだけでなく、その社会に無用な摩擦や暴力を引き起こす原因となるからである。アジアの文化圏、ひいては人間の歴史のなかで、幾度も神のみ名において争いと暴力が引き起こされてきたことを肝に銘じておくべきなのだ。

もし「神が恵みと慈しみとに富まれ、怒るに遅く、あらゆる人々を憐れむ」方であるならば、キリスト者はどのように宗教的信念から暴力や摩擦を阻んでいくことができるかを、もっと考えるべきではないだろうか。この第一の願いを唱えるとき、み名がどのように他宗教の伝統にある人々に響いているか、よく振り返っておく必要もあるだろう。十戒の第一戒で見たとおり、キリスト者の証言は、他の神々の名前に対して攻撃的なものであってはならない。むしろ私たちの暮らしを通じて、神のみ名が適切に伝えられ、分かち合われるように努めた方がよい。

❖学びのために

1　み名はみなさんの言語でどのように訳されていますか。みなさんの文化圏では、み名は他の宗教の世界観の影響を受けていますか。

2　神という言葉を用いる時、みなさんはそれがキリスト教の神と他の宗教の神との間にどのような区別をすることができますか。

3　地上にある神とそのお働きのビジョンについて、キリスト者は他宗教の伝統や知恵からどんな風に学んだり考えたりすることができるでしょうか。

第二の願い

み国が来ますように

『小教理問答』

問い　これはなんですか。
答え　神の国は私たちの祈りがなくともそれ自体で確かに来る。しかし私たちはこの祈りにおいて、み国が私たちのところにも来るようにと願うのだよ。
問い　これはどのようにして起こるのですか。
答え　天の父が私たちにその聖霊を与えて、私たちがその聖なるみことばをその恵みによって信じ、この生においても永遠の生においても、信仰をもって生きるときにだよ。

「神の国（み国）」＝kingdomという言葉は古代言語である。近代になり、君主制がその居場所を喪失したとき、王家の領土たる「神の国（み国）」という言葉も古びたものとなった。民主的な政体を前提とする現在の読者にとっては、それ以前の文明社会や時代がかった帝国や王国領土を連想させる言葉であるかもしれない。こうした言葉の歴史性を無視すると、その使用に問題が生じることがある。言葉の無批判な使用は、西洋諸国による植民地化の歴史と重なり、憤然とした感情が呼び起こされることもある。したがって私たちは、「神の国（kingdom）」という言葉から連想する負の側面を心得ておく必要がある。

すでに「神の国（kingdom）」という言葉の代替案として、「キンダム（kin-dom）」を用いるべきだという神学的な提案が知られている。このキンダムという言葉が強調するのは、地縁や血縁ではなくて、共通の人間性と価値感を養い育てようとする考えである。また昔からのピラミッド状の上下関係よりもむしろ、お互いの相互性や連帯性といったより柔軟で伸びやかに広がるコミュニティーが思い描かれている。キンダムという代替案は、聖書に見られるみ国＝kingdomよりも、新たな人間性をよりよく思い描けると提案されているのである。

そこで、この神の国（kingdom）という言葉が本来何を意味してきたのかを確認しておきたい。小教理問答がマタイ版の主の祈りを参考にしているため、ここでは「神の国」のマタイ的な理解を踏まえておきたい。マタイは「神の国」をよく「天の国」と置き換えているが、それが他の福音書との顕著な違いになる（マタイ一三・三三とルカ一三・二〇―二一）。実際、「天の国」という表現は、マタイ福音書に三〇か所以上も見られる。

このようなマタイ的傾向はユダヤ教との結びつきによるものと研究者は指摘してきた。たとえば、旧約聖書のダニエル書には、人の子が彼の国の支配を受け継ぐ際、天の雲に乗って到来するというビジョンを記している（ダニエル七・一三―一四）。こうした箇所を関連づけるマタイは、ユダヤ教に深く影響を受けているのである。また他の研究では、マタイが「この世の国」に対して「天の国」を注意深く区別していると指摘されている。この世の国としての王国＝kingdomは、本性として権力を求め覇権的であるが、来たるべきみ国＝kingdomはそういうものではない。こうした希望が、天の国という言葉に込められているのである。

このような諸説はその他にもあり、一つひとつを吟味することは容易なことではない。しかしながら、「み国が来ますように」と祈った主イエスの祈りがどれほどに意義深いものであるかは、ここまでで十分に理解できるのではなかろうか。「みこころが天で行われるとおり地にも行われますように」という祈願は、当時のローマ帝国の圧政を想像するとより現実的に理解できるだろう。

神のご支配という言葉によって、シーザーの統治と相対しているのである。こうした言葉遣いには、抑圧され周辺化された人たちの苦しみに共感して、変革を求める願いが込められている。神のご支配とその介在を祈ることには、高慢な自負心や偏見によって機能不全におちいっている社会の混乱から決別する意志も含まれている。

なぜなら、この祈りには、いかなる政治的イデオロギー、宗教や社会構造が封じ込めることのできない「ご支配」が思い描かれているからである。「み国が来ますように」と祈る人は、他人を見下すことや世界を思いどおりに動かそうとする誘惑にこの祈りをもってあらがおうとしているのだ。

つまり、み国の到来の祈りは、ぼんやりと将来への願いごとをしているわけではない。〝今ここで〟という現在に目覚め、しかも傷ついているこの世界で、神の介在や支えを祈り願うことである。その先に何があるのか。イエスの教えと行動の全体は、祈りの人の道しるべとなり、その一瞬一瞬がイエスに結び合わされていることを探り求める機会となる。福音書にある奇跡や癒しの物語、また預言者的な教えは、イエスに従う者たちをしっかりと捉え、神のご支配の臨場感をもたらすものとなる。

イエスが死んで復活されたという信仰は、被造物に救いと癒しがあるという希望と結びあわされている。「悔い改めよ。天の国は近づいた」（マタイ三・二）はそのときの臨場感を今に伝えている。たしかに人間の努力がみ国をもたらすわけではない。私たちの方がみ国へと招かれているのである。悔い改めとは、〝今ここ〟にある神のご支配に向き合い、積極的に関わろうとすることである。十字架はそこで私たちへの具体的な招きとなり証言となる。み国の到来を求める祈りは、自分たちがあらためて何者であるかを悟り、神によってどのような者になるのかを熟慮するよう導いているのである。

◆主の祈りとアジアの視点(3)

アジアの多くの国々は、過去数世紀の間、西欧からの（時にアジア内からも）帝国主義による植民地支配を被ってきた。とりわけ攻撃的な植民地主義の影響は深いものがあった。支配者は人々を野蛮で劣った人間とみなし、アジアを後進性と結び付ける偏見を広めた。さらに不幸なことに、文明化の使命（ミッション！）の名のもとに、力づくの支配を正当化したのである。「神の国」＝kindgom という言葉は、アジアの人たちにとって不快感や不信感を呼び起こす場合がある。抑圧的な統治とその痛ましい記憶を呼び起こすことがあるからだ。

アジアのキリスト者の中にも、自分たちの文化を劣ったものとみなす傾向が見られる。西欧のキリスト教を信仰の規範的な表現とみなし、西欧からみたアジアを自らに内面化してしまうのだ。そこでは、キリストはアジアの文化的な価値を否定するシンボルとなり、社会や文化のキリスト教化が宣教の主要な動機になる。

こうしたことに注意を払わなければ、「み国が来ますように」という祈りもまた間違った方向へと人々を先導する危険がある。優位に立ったところから支配と結びついた信仰や、帝国主義的な発想を依然として正当化する見方を強化することになりかねないからだ。

結果として、アジアのキリスト者が懐疑の目でみられ、敵意を向けられることもあるのだ。さらに、アジアの宗教や文化をおとしめるという理由から、迫害され、キリスト教信仰が禁じられることも起こっている。

「み国が来ますように」とは、なによりもまず歴史への神の介在を願う祈りである。それは全世界がキリスト教に改宗するよう神の助けを求める祈りではない。世界をキリスト教化するために二千年もの間、祈りつづけたわけではないし、世界の大部分の人はこのような世界観とは無縁で生きている。み国の到来とは、この世界の人口統計とキリスト教人口の比率に焦点を当てているわけではない。

肝心なことは、神のみ心がこの世界にしっかりと打ち立てられることにこそある。貧しい人たちは隅に追いやられ、飢え渇いたまま放っておかれ、力ある者はそうでない人たちを虐げ、女性や子どもが侮辱され搾取され、憎悪と暴力が幅を効かせ、不公正な世の中から残酷な事態が放置されている。こうしたことが起こっているこの世界に、神とその義の介在を祈る祈りがある。み国の到来を祈ることは、この社会にある不当な力を斥け、苦難にある人たちが助けられることを願うことであり、神の義によって、平和と和解とがあらゆる人々に行き渡る世界の実現を祈ることである。その祈りは神への叫びの形を取ることもあるだろう。この第二の願いを通して、あらためて私たち自身と、社会と文化、そしてこの世界を神のご支配という視点から見つめ直すことになる。同時にそれは、祈る人がその足をしっかりと大地に足をふみしめて生きるように、との励ましになっているのだ。

要約すると、この世界の真っただ中に神の国が到来すること、いのちとこの被造世界に神の祝福が豊かにあることを祈っている。争いがあるところに和解が、分裂のあるところに調和が実現することを祈っているのである。「みこころが天に行われるとおり地にも行われる」ならば、神のみ名とその創造のみ業が賛美され、喜びの分かち合いがあることが信じられているのである。

❖学びのために

1　「み国」や「ご支配」はみなさんにとって何を意味するでしょうか。み国について具体的な表現ができるでしょうか。

2　神の国によってその社会を変革するというとき、キリスト者はこれにどのような奉仕ができるでしょうか。また、み国の到来とはみなさんの暮らしでは具体的にどのようなビジョンになるのでしょうか。

3　みなさんの社会では、キリスト者にどのような役割があると考えられるでしょうか。

第三の願い

みこころが天に行われるとおり地上にも行われますように

『小教理問答』

問い　これはなんですか。

答え　神のよい、恵み深いみこころは私たちの祈りがなくても確かに起こるのだが、私たちはこの祈りで、みこころが私たちの許でも起こるようにと願うのだよ。

問い　これはどのようにして起こるのですか。

答え　それは、悪魔やこの世や私たちの肉の思いがあって、私たちに神のみ名を聖とさせず、み国を来させまいとするのだが、そのあらゆる悪いもくろみや意図を神が打ち破り、妨げて、むしろ私たちを終わりに至るまでみことばと信仰において固く強め、保たれるときに起こるのだ。これこそ神の恵み深い、よいみこころなのだよ。

神の国の到来につづく祈りは、神のみ心が成就するように、との願いである。この祈りの片面にみ心の成就があるとするならば、もう片面には、私たち自身がまず神のみ心を信頼し、これに従うことができるようにとの祈りが込められている。私たちは神のみ心においてくだかれて、謙遜にされる必要がある。

この謙遜は、人間の限界を認めることであり、人が思うことや願うこともまた完全ではないことを認めることである。個人の能力の限界を率直に認めることにとどまらない。むしろ、自分中心であることをよしとする社会や文化が他者の幸福や福祉をおびやかしていることを認めることも含まれている。

特定の人たちを狙いうちするヘイトスピーチや自己陶酔的なナルシズムは、標的とされた人たちを周辺へと追いやり、また神の理解（神学！）をも曲解し、ゆがめている。こうした暗い側面を実際の暮らしにおいて、見つめることは容易でもなければ、居心地の良いことでもない。

しかしこのような居心地の悪さに向き合いながら、困難を乗り越え、他では得難いものを手にすることもあるだろう。辛抱づよく取り組み耐える力や、心の奥深くにある恐れや不安に立ち向かう勇気などがその一例だ。自らの自己中心性から解き放たれるとき、自分の思いと行動にまさる神のことばの語りかけを心の芯で受け取ることになるであろう。

そのような謙遜の道を歩んだのは、主イエスご自身であった。罪深い人間を救うために愛する子を死に引き渡されたという神学的な言明は、常識に照らすならば、恵みに反する矛盾のように響くかもしれない。十字架にかたどられたイエスのご生涯は、神の罰や怒りのなだめを意味するのではない。イエスがご自身を十字架に差し出したのは、神がこの世にどのように関わり、そして私たちが他者とどのように生きるのか、そこに新しい道を示そうとされたのである。この自己を差し出す愛は、神秘にみちた神顕現の啓示である。

み国を求め、「みこころが行われますように」と祈ることによって、人は自らの優先すべきことの変更を迫られることになる。また、この世の支配者とその正当性に真正面から対決する場合もあるだろう。したがって、この祈りには個人的な信仰を打ち破るような霊的な目覚めがある。意識をより高いところへと引き上げ、生き方や他者との関わり方を見直し、変革を志すようになるからである。一人ひとりの願いや必要性を祈る祈りから、神の義と平和の到来を祈るようになり、祈りの焦点が異なるところに向かうようになる。み国の到来とみ心の実現を熱心に祈ることは、私たちとその社会全体をいのちの変革へと呼び覚ましていくことになる。

◆主の祈りとアジアの視点⑷

近年のアジアのキリスト教にも党派的な分裂現象がしばしばみられるようになってきた。セクト化の過程には、もともと欧米の教会に見られた「繁栄の福音」の感化が認められる。神は信仰に対して報いを与えるという教えがもてはやされているのである。

神の約束は金銭的な形で満たされ、身体的な健康がそれに相当すると信じられている。そういった教会では、魂の救いに集中する宣教プログラムが中心となっている。ささげるものが多いほど、より多くの祝福があると信じられているのだ。しかし、そのような考えは十字架の宣教と合致することはない。イエスが十字架で示された自己贈与の愛は、苦難のただ中に現臨する神を示しているからだ。

アジア諸国は今、急速な経済成長を遂げている。そこでは経済格差の拡大と、多数の人々の欠乏がますます顕著である（このことについては次の祈りにおいてより詳しく考える）。またそうした社会情勢に合わせて、各地で自然災害や民族間の紛争や衝突によってますます困窮を極めている人が大勢いる。

このような人たちの実際の生活は、恐れや無力感が満ちており、恥や罪責の感情に苦しめられている。この人たちはあまりにも長く苦難に耐えてきた。社会に何かが起こった時に切り捨てられ、さらに追いやられる羽目になることを身近に感じている人たちである。そこで自らの苦悩から脱却して、人生を再生させるには長い道のりが必要とされている

アジアの教会は、こうした苦難のただ中にある人たちに、偽りの約束を伝えるように召されているのではない。もちろんだれであっても、欠けのない完璧な宣教者であるわけではない。現実の中で、妥協に行き着くこともあるだろう。真に必要なことは、苦難にある人たち自身が希望を見いだしていけるように支えることである。そこでの希望とは、ただ物事が好転して心配事がなくなることでもなければ、自分の思いどおりに事が運ぶこととも違う何かである。

「みこころが地上にも行われますように」と祈ることは、徹底した希望への決断である。この希望は解放であり変革である。イエスの十字架は、暴力と死といった悪しきものをも克服しているのだ。イエスがお示しになった神への従順とは、弱さではなくて、神を神とするイエスの宣教の具体化である。人々の暮らしに神の介在を願うことは、この世界の真の統治者を認めることである。そのとき、私たちは自己中心的な希望の追求から、神の愛とその戒めを軸に、希望の成就を求める人生へと変えられてい

くのではなかろうか。

イエスの宣教は、苦難にある隣人たちと共に歩むようにとの招きである。信仰は頭の中の知識ではない。あるいは自分のことばかりを気にかけて、もっぱら自らの慰めと心地よさを求めるようなものとは違う。さまざまな現実に圧倒されるこの世界で心から神を信頼して自らの人生を生きることである。

アジアの神学者や教会の指導者は、宣教の地平を開き、教会の視野を広げるよう促している。そこで考えられている救いとは、一人ひとりに与えられる天国への切符のことでもなければ、死後の世界のことでもない。福音を告げ知らせるとは、今ここで苦しみ十字架を背負う人々のことを真剣に思うことである。

み心の成就を祈ることには、教会がまことの信仰の共同体になるための祈りも含まれている。人間性が新たにされ、祈り合う者たちが聖なる交わりに加えられることを祈るのである。教会の召しは、罪深い現実もあるこの世界のただ中に神のみ心もまたあることを宣べ伝えるところにある。

自由と平和、そして義のために教会が働くとき、キリスト者だけが単独で奉仕しているわけではないことに気がつくはずである。キリスト者はよりよき世界のために他の伝統や宗教からも学び、知恵を求めることもできるだろう。

さまざまな宗教が、自らが信じ大切に思っていることをよりよい世界のために活用したいと望んでいる。慈しみや共感、親切や厚意といった徳目は、人間社会を変革するために有益なものである。諸宗教が共通の倫理的な基盤を求めようと積極的に対話を推進するならば、この世界をよりよいものに変えるための貢献にもなるはずである。

❖学びのために

1　みなさんの暮らすところでは、どのように神のみ心を知ることができますか。

2　みなさんの暮らすところでは、社会変革の障害となっているものや変革を阻む要因にどんなものがありますか。

3　信仰の共同体として、他者の必要性に耳を傾け応答する方法にどんなことがありますか。

第四の願い

わたしたちの日ごとの糧を今日もお与えください。

『小教理問答』

問い　これはなんですか。
答え　神は私たちの願いがなくともすべての悪人にも確かに毎日パンを与えてくださる。しかし私たちはこの願いにおいて、神が私たちにこのことを分からせ、私たちの毎日のパンを感謝をもって受け取らせてくださるようにと願うのだよ。
問い　では毎日のパンとはなんですか。
答え　からだの栄養と維持のために必要なすべてのもの、すなわち、食べ物、飲み物、衣服、履物、家、屋敷、畑、家畜、お金、財貨、ちゃんとした家族、ちゃんとした真実の支配者、よい政府、よい気候、平和、健康、規律、名誉、よい友人、忠実な隣人などだよ。

第四の願いをギリシャ語原文から直訳すれば、「生きるために必要なものを今日も私たちにお与えください」となる。パンや食物以上のことが意味されている。アジア各地にある翻訳聖書には、この箇所についてさまざまな表現が見られる。ルターもまたその原文を知っており、生きるために必要なすべてのものがこの祈りに含まれていると述べている。

たしかに先行する三つの願いも、日々のいのちに深い関わりがある。いのちの神は、み名が聖とされ、み心によってみ国の到来を約束し、いのちあるものをお支えになる神である。しかしながら、もし私たちが飢え渇き、その食卓が空っぽであるならば、そのような約束や希望はむなしいものとなるだろう。もし人々が空腹のまま寝床に着いて、朝目覚めたとき子どもたちに何も食べさせることができないほど困窮しているとしたら、これらの約束に意味があると言えるだろうか。

誰もがこのような体験をしているわけではない。冷蔵庫や戸棚に食物が保存され、飲み食いすることが当たり前にできている人も少なくないだろう。お店に行って必要なだけ買い足すことができる人もいれば、その食物がどこから来て、だれの手によって作られているのかを知らないという人もいる。こうした日常を主の祈りから捉え直すなら、それは、食べ物を与えてくださるのは神、という信仰をおざなりにしているともいえる。

食物がすべてではない。ルターの指摘のとおり、衣服や住む所、よい隣人や移動手段もまた必要なものである。生活費や暮らしを支えるためのよい仕事、市民の暮らしを守るよい政府も必要である。生活環境もまた大切であり、数えればその他いろいろと出てくる。たとえ食物が満ち足りていたとしても、生きる上でその他多くの事に心を悩ませることがあるからだ。

イエスが山上の説教で、「自分の命のことで何を食べようか何を飲もうかと、また自分の体のことで何を着ようかと思い悩むな」（マタイ六・二五）とおっしゃっておられるが、私たちには夜も眠れないほどに心配なことが数多くある。神が私たちに必要なものを賜物（ギフト）として備えてくださる、と信じることは簡単なことではない。しかし賜物とは、私たちの祈り願いによるのではなく、み心の実現のために与えられるものである。私たち自身よりも神ご自身が誰にどんな賜物が必要であるかをご存知であるというのが信仰である。賜物は、自分のためだけにあるのではない。他者のために、そして他者と共に生きていくために与えらるものである。

したがって、この祈りは、私たちに必要なものをすべて与えてくださいという願いだけでなく、倫理的な責任もまた伴っている。主の祈りはいのちの倫理でもある。他者の日々の暮らしに必要なものに対して、私たちが互いに責任を負いあっていることを思い起こさせる祈りである。この祈願において、神を前にして他者の日々の暮らしの必要を気に留めることになる。他者が求めるものを知ろうとし、その共生の世界で祝福を分かち合うことを願うのである。この願いには、他者の必要なものを祈り願うことも含まれている。したがって、賜物は等しく分かち合うべきであり、その実現に心をくだくこともまたこの祈りの実りである。

◆主の祈りとアジアの視点⑸

私たちが知っているアジアには、豊かさと貧しさの両面がある。アジアの多くの国々は過去数十年でめざましい経済発展を遂げており、市民の暮らしは格段に豊かになっている。西欧諸国との間で貿易摩擦が起こるほどであるが、その反面、貧富の格差が広がり、経済発展とは裏腹にさまざまな亀裂が見られる。

そのようなアジアの様相は、「貧困という大海原に繁栄の島々が浮かんでいる」かのようである。西欧社会に寄留するアジア系住民の間でも同じことが起こっている。『クレイジー・リッチ！（Crazy Rich Asians)』というハリウッド映画は、多くのアジア人がその富裕を享受している様子を描いている。しかし、その映画が実際のアジア社会とその経済的現実を反映しているかといえば、事実はまったく異なる。

世界人口の六〇％に相当する四五億人もの人が暮らすアジアは、この世界でもっとも貧困が拡大した地域でもある。最近の調査結果では、世界の飢餓人口の半数以上がアジアの人々である。先に述べたとおりアジア諸国の経済発展という事実にもかかわらず、一日あたりの収入が一・九ドルにみたない絶対貧困層の暮らしは一向に改善していない。アジアに暮らす人々のだいたい十人に一人がこの絶対貧困の状態にあると言われている。「都市貧困」にあたる人々の数は年々増え続けているとアジア開発銀行や世界銀行は報告している。

こうした統計資料と主の祈りの第四の願いには、どんな関係があるだろうか。主の祈りを唱えるごとに私たちはこのような過酷な現実に目を覚ましていられるだろうか。たしかに私たちもまた貧困の原因について考える機会がある。人口増加や教育や食料政策のまずさ、汚職や不十分な行政、栄養失調や都市問題、差別と搾取、自然災害といったさまざまなことが私たちの健やかな暮らしを脅かしていることに気が付いている。

その反面、自らの責任について素通りしてしまうようなことはないだろうか。イエスのもとに集う大勢の群衆を前にして、「こんなに大勢の人では、何の役にも立たないでしょう」（ヨハネ六・九）という弟子たちの言葉は、こんにちのアジアで繰り返し聞かれる言葉ではなかろうか。分け与えるほどに十分なものを持ち合わせていなくとも、それでもこの世界で飢えた人びとと分かち合おうとするには、どうすればいいのだろうか。

「あなたがたが彼らに食べ物を与えなさい」（ルカ九・一三）というイエスのご命令を無視することも確かに一つの選択にはなる。イエスのお働きは、五千人の給食物語のように空腹な人びとを気遣うことであった。この奇跡物語は唯一、四つの福音書すべてにおさめられている（マタイ一四・一三―二一、マルコ六・三〇―四四、ルカ九・一〇―一九、ヨハネ六・一―一四）。第四の願いは、あらためて私たちの心を開いて、隣人の必要なものを充たそうとする神のお働きに目を向けようとする祈りである。まさに「不可能な可能性」についての祈りである。

このように第四の願いを祈る先には、わずか一％の人間が世界の富の半分を独占するこの世界で、公正でグローバルな経済システムを作ること、そのように願いそう努めることへの参画もまた示唆されている。改善に兆しの見えない貧富の格差や自然資源の収奪や環境破壊に汚染、そして気候変動や度を越した消費主義といったことのすべてが、いのちの質をおとしめ、不公正なシステムを作り出す要因でもある。日ごとの糧を神がお与えくださることが確かであるならば、神の被造世界に責任をもって〝お世話〟し、創造の目的を理解して、いのちの尊厳を守る公正な世界秩序を促進するような奉仕が必要である。

「私たちのいのちに必要なものを今日もお与えください」という祈りには、キリスト者が日々の暮しで実践する生き方の指針がある。いのちの十全さへの感覚を回復し、シンプルなライフスタイルが求められてしかるべきであろう。かつてマハトマ・ガンディーが述べたように、この世界は、「すべての人の必要を充たすほどに十分に豊かな世界であるが、すべての欲望を満たすことができるほどの場所ではない」。日ごとの糧を祈ることは私たちに皆が食べる分の食料があっても、それがすべての人に行き渡るようになっていない現実を思い起こすことである。そこでみ心の実現が祈られるべきであり、その祈りを生きることへと私たちもまた導かれているのである。

❖学びのために

1　みなさんの具体的な暮らしにおいて、この第四の願いはどんな意味がありますか？
2　みなさんの身近なところで、いのちの質をおびやかすような不平等や分裂というものがありますか？
3　主の祈りに生き方の指針を見いだすとき、どんな具体的なステップがあるでしょうか？

第五の願い

わたしたちの罪をおゆるしください。わたしたちも人をゆるします。

『小教理問答』

問い　これはなんですか。

答え　私たちはこの願いにおいて、天の父が私たちの罪に目を留めず、またこの罪のゆえに、このような願いを拒まれないようにと願うのだ。かえって神が私たちにすべての恵みを与えてくださるようにと（祈るのだよ）。なぜなら私たちはこうしたことを願うに値せず、またそれを得る値打ちもないからだ。私たちは毎日多くの罪を犯し、ただもう罰に値する者だからだ。だから私たちは私たちに対して罪を犯す人々をも、逆に本当に心から赦し、進んでよいことをしたいものだ。

第五の願いは、人生の負の側面に向けられた祈りである。キリスト者はみことばに聞き従うことを願うものだが、同時に、み心をなしえない経験をするものである。これは、個々の失敗や過ちのことについていっているのではなく、むしろ、キリスト教の人間観の基本を言い表している。この点についてパウロもまた次のように率直に述べている。「わたしは自分の望む善は行わず、望まない悪を行っている。もし、わたしが望まないことをしているとすれば、それをしているのは、もはやわたしではなく、わたしの中に住んでいる罪なのです」(ロマ七・一九―二〇)。

自分の人生は、罪の現実となんの関わりもないと思うのでなければ、罪の告白はすべからく私たちの祈りとなる。その了解のもとで以下のような罪の告白が定式となり唱えられている。

「慈しみ深い神よ。私たちは罪にとらわれ、自由ではないことを告白します。私たちは思いと言葉と行いとによって、してはならないことをし、またなすべきことをしない罪を犯しました」。

このような罪の告白を私たちは礼拝毎に繰り返している一方で、日頃の生活において自分は道徳的にはまずまずであると感じ、神を畏れ敬う者として振る舞うことがある。そしてまた、そのような日々の暮らしの陰で、ひそかに自らの欠けを感じることもある。神を前にして、自らの心の奥深くにある取り留めのなさ、罪深くもまたみじめな存在であることを思い知ることがあるのだ。

神と人とに対して過ちや罪をなす根っこには根源的な罪がある（使徒信条第二条解説参照）。この根源的な罪に率直に向き合うならば、私たちの心はその罪深い事々に重荷を感じ良心はとらわれ、不安のうちにおかしくなってしまうかもしれない。

できることといえば、神の慈しみと平安を信頼し、絶望の深みから救いを祈り願うことである。「神よ。私たちの罪をお赦しください！」と。プライドや自己正当化というものを脇に置いて、イエス・キリストによって罪ゆるされることを信じ、祈るのである。イエス・キリストの福音の核心には、このような神の恵みと慈しみによる罪の赦しの出来事がある。

ルターは、主の祈りに関する説教の中で、祈りに必要なものは神の恵みとその約束を信じる信仰であると述べている。人は自らの美徳や祈りのすばらしさによって何かを神から得ることができるわけではない。もし神からの導きや賜物があるならば、ただそれは神のかぎりない慈しみに拠るのである。

ルターの時代、死と最後の審判という不安が社会全体を覆っていたが、ルターもまたその修道生活において罪責と不安に悩まされていた。キリストとは人間に説明責任を厳しく求め、罪に対して罰をもって応じる裁き主と考えられていたのである。しかしここから脱した、宗教改革者ルターの洞察によると、神の義は一方的な神からの賜物であり、そこに罪人の善行はどこにも関わる余地などない。恵みこそが義を理解する鍵になったのである。

そこで求められているのは、そのような信仰に立ち、率直に神の約束を信頼し、祈ることである。礼拝式文（典礼）では、罪の告白につづいて罪の赦しがあるのはこのためである。牧師の職務とされるみことばの取り次ぎは、「慈しみ深い全能の神によって、イエス・キリストは私たちのために死に渡され、それ故に私たちの罪を赦してくださいます」と宣言することである。

第五の願いは、神の赦しと慈しみを受けているという自己理解からの「わたしたちも人を赦します」という祈りである。神の慈しみと赦しは、私たちが独占するものではない。私たちに対して罪を犯した人たちにそれを伝え広げるようなものである。

赦しはただ自分に悪い行いをした人たちだけに向けられた行為ではなく、人生において他者と共にどのように生きるかという生き方を示している。主イエスが「七の七十倍」（マタイ一八・二二、ルカ一八・二二）の赦しをお教えになられたように、赦しには無限の次元がある。「赦しなさい。そうすれば、あなたがたも赦される」（ルカ六・三七）は、キリスト者にとって生き方に関わるみことばなのだ。

この祈りの目的は、神の赦しにあるが、同時に、私たち自身が日々の暮らしをどのように生きるかを思い直すところにもある。そこでは神の寛大さと赦し、それゆえに与えられた平安への気づきこそが大事なことになる。もし神との関係が適切ではなく、このような信仰を保てないならば、人は祈ることすらできないであろう。私たちの罪が赦される事を受け止められた場合にのみ、私たちは平安な心を持てるのではないだろうか。

◆主の祈りとアジアの視点(6)

アジアの文化上の脈絡ではしばしば、「罪／罪責」よりも「恥／名誉」こそが大事であると論じられることがある。恥／名誉志向の文化において、地位や名声、評判や尊厳といったことが重んじられるのに対して、謝罪や過ちを認めることは何一つよいことがないと考えられることも少なくはない。恥は周囲の人々の期待にこたえられていないときに生じる強烈な感情であり、公共社会を攻撃する動機にもなる。人は、恥の感覚のゆえに不義なることを隠蔽し、過ちを認められない原因にもなる。

第五の願いは、そこであらためて私たちのアイデンティティーを振り返り検証する機会になる。恥の感覚によってかえって私たちの罪や不義な行為が覆い隠され、自分の真の姿からも遠ざかることがある。私たちが神を前にするというとき、それは赤裸々で、ありのままの本当の姿で立つことを意味する。友人や周囲の人たちに隠すことはできても、神に隠しとおせないことがある。この「霊的な羞恥」から逃れることができる者はいないはずである。そこに生じるのが罪意識である。

人生のあらゆる場面でいつも思い起こされるわけではないにしても、このような重荷を携えているのもまた私たちの歩みである。「わたしたちの罪をおゆるしください」という祈りは、神を前に正直になることであり、その赦しを受け取ることである。

神の慈しみは私たちの心の重荷を軽くし慰める力がある。日々罪を犯しつづけるような私たちは神の赦しを日々必要とするのであるが、それはただ神の慈しみとその赦しによって神ご自身を前にして義とされるのだ。それゆえに私たち人間は「罪人にして同時に義人」なのである。

ところで、私たちが個々の罪について心に留めて謙虚に赦しを求めるとき、「構造的罪」と言われる事態を見過ごしている場合がある。罪は個々人の心の中の問題だけではすまない。私たちが生きる社会構造もまた罪に侵食されている場合がある。すなわち、社会的な構造のゆえに、ある人たちが特別扱いを受け、その他の人たちが不当な扱いを受けることがある。

正義や平等といった良いことを促進するときでも、実際には、その構造的な罪のゆえに、さまざまな事柄が歪曲され誤解されていることもある。その結果、だれかが犠牲になり、他のだれかが特権的な利益を握りしめるようなことが起こるのである。アジア圏の社会では、土地がない貧しい人々、アウトカースト、女性、少数民族や部族といったさまざまな人たちが隅に追いやられ、搾取されてきた長い歴史がある。その構造的な罪には、暴力の使用があり、民族浄化や人々の権利の収奪、不当な投獄、ジェノサイド、人種や民族への偏見、宗教的憎悪など多様な形が見られる。

私たちが個々の罪に対して神に赦しを求めるように、私たちの社会やコミュニティーや文化にみられる集合的で構造的な罪というものにも向き合わなければならない。そこでこそ義なる社会を神が実現されるのだ。私たちの社会や国々が神の目によしとされ、その慈しみと赦しによって再生し変革されることが望まれている。

❖学びのために

1　みなさんの暮らす社会や文化では、「恥」や「罪責」というものはどのように理解されていますか。
2　みなさんの暮らす社会や文化には、どのような「構造的な罪」があると考えられるでしょうか。
3　みなさんの暮らす社会や文化の中で、キリスト者はどのような方法で社会の変革をもたらすことができるでしょうか。

第六の願い

わたしたちを誘惑におちいらせないでください。

『小教理問答』

問い　これはなんですか。

答え　神は確かにだれをも試みられないが、私たちはこの願いにおいて、神が私たちを守り、保ってくださって、悪魔やこの世や私たちの肉が私たちを欺いたり、誤った信仰や絶望、また他の大きな咎や悪に誤り導くことがないよう、またたとえこうしたものに誘惑されても、私たちが最後にはこれに打ち勝ち、勝利を得るようにしてくださいと願うのだよ。

人生は誘惑に満ちみちている。誘惑に遭わないで済む生涯などあるのだろうか。幸いにも乗り越えられた誘惑らしきものもあれば、人はいかに誘惑に対して無力で弱いものであるかを思い知ることもあるだろう。いずれによせ、「主よ、私たちを誘惑におちいらせないでください」と祈ることは当たり前のことではない。

信仰にも誘惑がある。そこで自らの信仰が試され、この世にある誘惑や欲望というものに対する成熟性が問われるのである。主イエスも誘惑に遭われている（マタイ四章）。キリスト者という理由で、誘惑に免疫があるわけでもない。神を前に正直であろうとする内なる努力にもかかわらず、つねに試みや誘惑というものにつまずく可能性がある。そこで「わたしたちを誘惑におちいらせないでください」という祈りが現実的なものとなる。

「誘惑」は、罪深い何かとはかぎらない。誘惑という言葉は本来、中立的な言葉であり、「試練trial」や「試み test」と訳したほうがふさわしい。試練や試みは私たちの人間性をまさに試すのであり、神と隣人に対して誠実であろうと決意を強めることもあれば、逆に揺がされることもある。誘惑によって、不誠実や不名誉をこうむることもあれば、心のうちに恥を感じ、強いストレス状態におちいることもあるだろう。第六の願いが実感をもって祈られるのはこのような場面においてである。誘惑を自分の事として受け止められる人が、自らが破滅しないよう神の助けを願うのだ。

そのような試練や試みは、ルターが説いたとおり、神が私たちに課するようなものではない。ヤコブ書の次のような指摘を心に留めておくことが大切なことである。「誘惑に遭うとき、だれも、「神に誘惑されている」と言ってはなりません。神は、悪の誘惑を受けるような方ではなく、また、御自分でも人を誘惑したりなさらないからです。むしろ、人はそれぞれ、自分自身の欲望に引かれ、唆されて、誘惑に陥るのです。」（ヤコブ一・一三―一四）と述べているとおりである。

人間には、試練や誘惑を神や他のだれかのせいにする性質がある。しかしその原因究明から実りある道が生まれるとはかぎらない。むしろ真の原因が分からなくとも、試練を通じて自らの罪深さや弱さにも真正面から向き合い、神の恵みと慈しみを信頼して前に進むことは起りうることである。ルターの考えによると、およそ誘惑というものは、悪魔の誘惑、この世の誘惑、そして心のうちにある誘惑や欲望といったものが幾重にも重なりあっているものだ。たとえ神を前に誠実であっても、失敗することもあり、そこでこそ神に祈りその助けを経験することになる。

ルターの言う三重の誘惑は、私たちを絶望や不信仰へとおとしいれることがある。さらに厄介なことは、そうした絶望状態が誘惑をめぐるものであることを見えなくさせるところにある。絶望は不信仰を、その不信仰は間違った信念を生じさせるが、その結果はキリストのもとにある神の赦しから私たちが遠ざかるところにある。真の誘惑には真に神の助けが必要なのである。

この祈りは、誘惑のまっただ中においても変わらずに神の恵みを信頼するための祈りである。この点について、次のような使徒パウロの言葉を確認しておきたい。「この使いについて、離れ去らせてくださるように、わたしは三度主に願いました。すると主は、『わたしの恵みはあなたに十分である。力は弱さの中でこそ十分に発揮されるのだ』と言われました。だから、キリストの力がわたしの内に宿るように、むしろ大いに喜んで自分の弱さを誇りましょう」（二コリント一二・八―九）。

◆主の祈りとアジアの視点(7)

私たちは今、「貪欲の時代」を生きている。生きる悩みの原因の一つに、「必要」と「欲望」の区別がつかない心の現実がある。この世界は元来、人間の必要を十分に満たすことができるよう神がお造りになられた被造世界である。しかし貪欲という誘惑はすべてをおかしくする。貪欲は人を自らの欲望のとりこにしてしまう。それがモノであれ、地位や力や富であれ、ひとたびその欲にかられると、親しい人や仲間でさえも平気で犠牲にしてしまうのである。

より多くを欲する誘惑におちいると、人はますます貪欲の文化に束縛される。消費主義や商業主義の広告やコミュニケーション技術の躍進、とりわけソーシャルメディアは、人に多くを望ませ、貪欲の文化を強化している。この文化において、人が自分の持てるものに満足し、「より控え目に」と望むようなことはめったに起こらない。

不誠実がまかりとおり、自己実現のために他者をおとしいれる誘惑もまた一層大きなものになっている。この手の誘惑はただ金銭や富やぜい沢を望ませるだけではない。他者を支配し意のままにしようとすること、そして力と地位を欲するようにさせているのである。

アジア社会はそれが政治的であれ、また教会内のことであれ、権力を求める誘惑から免れているわけではない。政治指導者たちは、人々を意のままにしようとし、汚職に手を染めて可能なかぎり権力を維持しようと努めている。他者に対して権力を欲する者は、あらゆる堕落のなかでも、もっとも大きな誘惑に面しているといえるだろう。

古くからの格言にあるとおり、力があるところに腐敗はかならず起こる。教会もその力があるところで例外ではない。牧師であれ信徒であれ、権力を欲し、また力を求めて巧みにふるまい、そして権威や名声を求めるところで、それはいつでも起っている。年配者を敬う美徳でさえも誘惑に利用されることがある。

「私たちを誘惑におちいらせないでください」と祈ることは、策を弄し腐ったやり方で力を求めることにあらがうよう神に願うことでもある。そこで人は、あらゆる欲望や自己中心的な振る舞いに対して、神を前に申し開きができるようにと祈っているのであり、神はその人を誘惑から守り助けてくださるのである。

❖学びのために

1　主イエスはどうして荒れ野の誘惑へと向かわれたのでしょうか。
2　みなさんの暮らしや文化では、人々が共通して経験するような誘惑や試練、試みというものにどんなものがありますか。
3　みなさんの身近なところには、権力や権威をめぐる誘惑がありますか。もしあるならば、それにどのように対処することができるでしょうか。

第七の願い

わたしたちを悪からお救いください。

『小教理問答』

問い　これはなんですか。
答え　私たちはこの祈りにおいてまとめとして、天の父が私たちをからだと魂、財貨と名誉に対するあらゆる類いの悪から救い、最後に、私たちの終わりの時が来るときには、祝福された終わりを与えてくださり、恵みを受けてこの苦しみの谷から天へと受け入れてくださるようにと願うのだよ。

この第七の願いはギリシャ語の原文から直訳すると、「悪からお救いください」とも「悪い者からお助けください」とも訳すことができる。悪は、悪行や邪悪な人々といった具体的に指示できるものから、何か得体が知れない感覚やイメージにいたるものまであらゆる領域で用いられる言葉である。

さらに大文字の「悪い（Evil one）」は、あらゆる悪行の根源であり、よこしまな欲望にかられた振る舞いを人にさせる悪魔的な存在を示唆している。多くの場合、こうした意味系統が密接に絡まり合っているのである。『大教理問答』の第六の願いの解説において、ルターは悪魔とその誘惑について述べている。ルターの場合、聖書の注解に対応しており、そこでは悪魔やサタン、悪霊がこんにちに比べると格段に現実味のある話として述べられている。

創世記三章の蛇の誘惑の記述はその典型的な例になる。その物語を通して人は邪悪なるものが創造のはじめと同じくらい古くから存在していたことを知るのである。こんにちの私たちは、悪魔やサタンといった悪の人格化にそれほどなじみがあるわけではない。しかしそれが、私たちの現実世界が悪のリアリティーから遠ざかっていることを意味するわけではない。人間を虐げ抑圧する暴力や無益な苦しみや、人を神から遠ざけ、世界を無意味なものにする諸々の力が現実的であるところでは、聖書の物語と無縁ではない。問題の根深さは、悪の現実を知りつつもどう向き合うべきか分からず、戸惑うほかない現実がそこにあることだ。

こうした悪なるものを人間の外側にある未知なる力と捉え、人が悪なるものにとらわれ支配されるという考え方がある。しかし、この悪なるものは、実は罪ある人間の内側に生来的にあるという見方もある。たとえ心から神を喜ばせるような生き方をしたいと望むことがあっても、その肉体と魂の奥深くに悪の住み処を見いだす思いがするからである。たとえ意図的でなくとも、悪なるものが欲するがままに圧倒されることもまた人が体験するところである。あるいは、こうした内なる悪に無頓着で自覚がないがゆえに、他者の悪に対してことさらに敏感で、その指摘に長けている人がなんと多いことだろうか。こうした諸々が悪の事態を複雑にしているのである。

聖書はこうした悪なるものの起源について沈黙している。ただこの世界が深く悪に影響されていることが証言されている。神が悪を創造したわけではないが、悪をなすがままにしているところがある。ある意味で悪の存在によって神が私たちに与えた自由が試みを受けているのであり、そこで人は善悪を選ぶ決断に立たされているのだ。

とりわけ神を讃えるのか、それともしりぞけるのかを選ぶことによって、自らに与えられている自由が試みを受けている。このような考えが見られる一方で、人間はつねに神から遠ざかるように道を選ぶものであり、み心に反するほかない存在であるという理解も見られる。

また悪とは、神の怒りと裁きの表現という理解も見られる。神のみ心は、悪をしりぞけるところにあり、その極点として、罪人の赦しと慈しみがある。これをさらに考えると、神なしに悪にとらわれる人を救い出すことは困難である。人間には、自力で救済する力があるわけではないからだ（詩編一二一・七―八、二テサロニケ三・三）。この視点に立つときに、「悪からお救いください」という祈りが私たちのうちに現実となり、神への信頼がさらに求められるところとなる。

ルターは、このような悪に葛藤し、悪と闘うことは、生涯の終わりまでつづくと考えていた。しかしこの葛藤と闘いが生涯にわたるものならば、その人を支える神の慈しみとまことは生涯の終わりまで取り去られることはない、という信仰もあったのである。次のような聖書の一節がそのような信仰を支え強めることになる。「主はわたしをすべての悪い業から助け出し、天にある御自分の国へ救い入れてくださいます」（二テモテ四・一八）。

◆主の祈りとアジアの視点⑻

アジア圏の諸文化もまた、悪のリアリティーに深い感受性を示している。悪霊悪鬼や幽霊、また狐のような動物や外的な諸力といったさまざまなものに重ねあわせて悪なるものが認められてきた。悪なるものをお払いし、悪の諸力から人を守り、またなだめるような多くの儀式が存在する。そこで考えられてきた諸力は、だれかを助けるために利用されることもあれば、呪術によってだれかを不幸にすることもできるものであった。こうした考え方に対するキリスト教の態度は、おおむね批判的で否定的なものであった。

善悪の通念はアジアの諸宗教と文化に広く共通の認識がみられる。個人の徳目とその実践や道徳の重要性は、アジアの諸宗教においても非常に大事にされてきた。しかしながら、ここで特に考えてみたいことは「集合的な悪」についてである。

こんにちのアジアにはさまざまな集合的な悪の現実がある。カースト制度にみられる差別、女性の抑圧、民族紛争、宗教間の衝突、ナショナリズムや宗教原理主義、テロリズム、児童労働や性搾取、名誉殺人などがその一例にあたる。これらに共通してみられるのは、自分の仲間内だけを優遇する種族主義であり、集合的悪の特性になる。そこでは、暴力や抑圧が正当化され、その多くは社会の少数者に向けられ、特に女性たちが暴力を被ることがあちこちで起きているのである。

アジアにも大量虐殺（ジェノサイド）が横行している。そこでの悪は、集合的であり、制度的な形式を伴っている。「悪からお救いください」とアジアで祈るとき、それは消極的な祈りではない。神を前にして祈ることは、人間社会に差し向かう言葉にもなる。そしてこの第七の願いを祈ることから、集合的な悪に立ち向かう勇気と励ましをキリスト者は与えられてきたのである。

❖学びのために

1　みなさんのコミュニティーや社会においてどのような「悪」が考えられるでしょうか。具体的に挙げてみてください。

2　みなさんの暮らしにおいて「集合的な悪」と考えられるものがありますか。

3　みなさんの暮らしにある「集合的な悪」に対して、どのように対応することができるかでしょうか。

頌栄《しょうえい》

国と力と栄光は永遠にあなたのものです。アーメン。

『小教理問答』

問い　これはなんですか。

答え　このような願いが天の父に受け入れられ、聴き入れられることを、私が確信している、ということだよ。なぜなら神ご自身が、このように祈ることをお命じになり、これを聞き入れると約束なさったからだ。アーメン、アーメンとは、然り、然り、これはどのように起こる、という意味なのだよ。

主の祈りには、頌栄が付されているマタイ版（六・九―一三）と頌栄が付されていないルカ版（一一・二―四）の二種類がある。

なぜマタイ版に頌栄があるのかその具体的な理由は分かってはいない。原文ギリシャ語には異なる版があり、初代教会のはじめから複数の口伝も存在していたと考えられる。なお、現在でもローマ・カトリック教会は頌栄なしの祈りを用いる伝統があり、ほとんどのプロテスタントでは頌栄を付して用いる伝統の違いがある。

頌栄のもともとの意味は、「ほめ讃える」や「栄光を神に帰する」であり、頌栄をもって主の祈りを閉じることはその他の祈願の結びとしてふさわしいものである。究極的には、この被造世界にあるいかなる国もだれかれのものにはならない。力も栄光も神のものであり、頌栄とは本来、大胆でしかも確信に満ちた表明ではなかろうか。また私たちの祈りと願いのすべては、神が聞いてくださり実現してくださるという信仰も頌栄に含まれている。こうした確信は、次のような聖書の一節にも表明されている。「わたしたちの内に働く御力によって、わたしたちが求めたり、思ったりすることすべてを、はるかに超えてかなえることのおできになる方に、教会により、また、キリスト・イエスによって、栄光が世々限りなくありますように、アーメン」（エフェソ三・二〇―二一）。

◆主の祈りとアジアの視点⑼

「息あるものはこぞって主を賛美せよ。ハレルヤ」（詩編一五〇・六）。主を賛美する詩編の呼びかけは、地にあるすべての人に向けられた招きである。祈りは、キリスト者にとって呼吸のようなものである。永遠なる神に祈るとは、私たちが有限なる存在であることを率直に認める表現であり、私たちを超えた〝お方〟と共にあることを求める行為でもある。

人間は苦しみを経験する存在である。その苦しみは、無知に由来することもあれば、死に向き合う存在としての苦しみというものもある。また単純に痛み苦しみを感じるという苦しみというものもある。この苦しみのある存在が自らを超える存在に出会う時に救いを見いだすのである。キリスト者は神との出会いとして、そこに光を見いだし、大事なことを悟り、心は満たされ、癒しと解放を体験することがある。しかしこのような体験をしているのはキリスト者にかぎられたことではない。それは人間の経験に根差しているからである。

イスラム教、ヒンドゥー教、仏教といった他の宗教や伝統との比較において、キリスト教の祈りがこれらの宗教とまったく交わるところのない独立無比なものがあるというわけではない。次のマラキ書の一節はこの点において、注目にあたいする。

「日の出る所から日の入る所まで、諸国の間でわが名はあがめられ、至るところでわが名のために香がたかれ、清い献げ物がささげられている。わが名は諸国の間であがめられているからだ、と万軍の主は言われる」（一・一一）。

モスクのミナレットからの祈り、仏教寺院にただようお香の香り、ヒンドゥー寺院の捧げものの花やギー（液状バター）やチャントなどはみな祈りの表現であり、キリスト教の祈りや礼拝に通じるものがある。ふと耳に入って来る祈りにおいて私たちは自分たちの抱いている確信や共感というものを見いだすことがある。そこで彼らが祈りをささげる相手や神（あるいは究極なるもの）に向き合う姿勢がキリスト教の感受性や信仰や信条と異なるからといって、他者の祈りの信憑性や真摯さに疑問を呈してよいわけではない。

アジアのキリスト者は他宗教の人たちのただ中に生きている。そこで、多くの問いに向き合わなければならない。たとえば、人々がささげる祈りに神への応答が含まれていると思うことがある。そのとき、その祈りを私たちも共にすることができるのではなかろうか。あるいは他宗教の祈りという理由から、そのような祈りは拒絶されるべきであろうか。もしそうなら、私たちの信じる神は他者の祈りを聞かることはないと私たちは考えているのだろうか。こうした問いは、アジアの脈絡において身近で具体的なものである。より深い振り返りと議論を必要としているように思われる。

最後に、主の祈りにある特筆すべきことを挙げておきたい。私たちは「イエス・キリストの名」においてこの祈りを祈る。しかしそれは、他宗教の人々の祈りを台無しにするためではない。むしろそのような人々の祈りも尊重して祈ることは可能である。なぜなら、私たちの祈りをささげる神は、あらゆる人々に慈しみ深くまた赦しを与える神であると信じているからである。私たちがそのような確信にいたるのは、ほかでもない私たち自身が主イエス・キリストによって、慈しみと赦しを神から与えられていると信じているからである。

❖学びのために

1　みなさんの周囲にいる他宗教の人々の祈りや礼拝について、みなさんの体験や意見を分かち合ってください。

2　神が他の宗教の人々の祈りを聞かれると思いますか。あるいはもしそう思わないのならば、それはなぜですか。

3　みなさんの友人や隣人に他宗教の人々の祈りや礼拝に誘われたとき、みなさんはどのようにそれに応じますか。

四　聖なる洗礼の聖礼典

『小教理問答』

問い　洗礼とはなんですか。

答え　洗礼とは単なる水であるだけではない。それは神のご命令に含まれ、神のことばと結びつけられている水なのだよ。

問い　ではそのような神のことばとはどれですか。

答え　それは私たちの主キリストがマタイによる福音書の最後の章（二八章一九）で、「全世界に行って、すべての異邦人を教え、父と子と聖霊のみ名において彼らに洗礼せよ」と言っておられるところだ。

問い　洗礼はなにを与え、あるいは、なんの役に立つのですか。

答え　洗礼はそれを信じるすべての人に、神のことばと約束が告げているとおりに、罪の赦しをもたらし、死と悪魔から贖い出し、永遠の救いを与えるのだ。

問い　そのような神のことばと約束とはどれですか。

答え　私たちの主キリストがマルコによる福音書の最後の章（一六章一六）で、「信じて、洗礼を受ける者は救われる。しかし信じない者は罪に定められる」と言っておられるところだ。

問い　どのようにして水がそのように大きなことをすることができるのですか。

答え　水はもちろんそのようなことをしない。水と共に、水の許にある神のことばがそれをするのだ。水のうちにあるそのような神のことばを信頼すれば、のことだよ。この神のことばがなければ水はただの水であって、洗礼ではない。しかし神のことばと共にあって水は洗礼であり、恵みに満ちたいのちの水、「聖霊における新しい誕生の水」であるのだ。聖パウロがテトスへの手紙第三章（五―八）において、「神が私たちの上に私たちの救い主イエス・キリストによって豊かに注いでくださった聖霊の再生と新生の洗いに拠る。こうして私たちはこの同じ恵みによって、望みに従って、義とされ、永遠のいのちの世継ぎとなるのである。これは確かで、真実のことである」と言っているとおりだ。

問い　ではこのような水の洗礼はなにを意味しますか。

答え　これは、私たちのうちにある古いアダムが日毎の後悔と悔い改めによって溺れさせられ、すべての罪と悪い欲と共に死んで、逆に日毎にそこから出て、新しい人として復活して、神の前での義と清さのうちに永遠に生きるようになる、ということだよ。

問い　それはどこに書かれていますか。

答え　聖パウロはローマの信徒への手紙第六章（四）において、「私たちは洗礼によってキリストと共に葬られて、キリストが父の栄光によって死者のうちから復活したように、私たちも同じく新しいいのちに変わるのです」と言っている。

◆洗礼とアジアの視点

洗礼の礼典についてルターの解説はきわめて簡潔である。（小児）洗礼の儀礼はただ誕生のお披露目やお祝いの機会ではない。それ以上のものである。入信儀礼でもあり、そこにはいくつもの信仰上の要点がみられる。まず人は、洗礼を通じてキリスト教のコミュニティーに迎え入れられるのであり、キリストのからだなる教会に結ばれる。またその人の歩みにとって洗礼は、この世界でキリストの弟子として歩み出す一歩となり、神の召しに応えて生きる事始めにもなる。

アジアのほとんどの地域でキリスト教は少数者である。そこで洗礼は公に入信を表明する機会と受け止められている。特に成人洗礼はそうであり、これまでの宗教的な伝統を断ち切り、信仰生活をはじめる象徴的な機会となる。こうした転機としての洗礼は、ただ霊的な意味だけではなくて、実際の地域社会との関わりに及ぶこともある。時にそれは家庭内の摩擦の原因にもなり、さまざまな生活のレベルでチャレンジが必要になることもある。

そのため、受洗の脈絡で多くの人が直面する問いがある。それは、キリスト者になることは、それまで積み重ねてきた歩みや信念といったものを断ち切ることを意味するのかどうか、ということである。この問いには、さらにその人が生きてきた文化や、価値観というものを捨て去るか否かという決断も含まれている。こうした一つひとつの問いを真剣に受け止めるならば、問いは次々と湧きあがってくる。

かりにそれまでの一切を断ち切るべきだとしよう。しかし、人は過去の歩みや価値観というものを簡単に断ち切れるものだろうか。あるいは、キリストを受け入れ新たに生きることは、アジアの文化や宗教上の価値観を拒絶することと同じ意味になるのだろうか。あるいはこのような問題を真剣に考えるならば、そもそもキリスト教信仰に混在して伝えられてきた西欧の文化についてはどうだろうか。一緒に伝えられてきた西欧の文化や価値観を受け入れることは、信仰の条件になるといってよいのだろうか。

これらはアジアにおいて真剣な問いとして存在する。キリスト教にある信仰や価値観、その実践の方こそがアジアの諸文化において異質な存在であるからだ。こうしたことを背景に、キリストを救い主として信じ受け入れたいと思っているにもかかわらず、受洗し教会員になることを躊躇する人が大勢いる。受洗によって、家族や地域社会とのきずなが断ち切られることを心配する人たちもいる。また地域によっては、洗礼を受けることから、経済的な不利益や社会的な不公正をこうむることもあれば、迫害に遭遇する人たちも実際には数多く存在する。キリスト教において一致のしるしであるはずの洗礼が、アジアの脈絡においては、家族や地域からその人を断絶し、分裂の象徴にもなっているのである。これは皮肉なことではなかろうか。

アジアのキリスト教史には、キリスト者であるために洗礼が本当に必要なのか、長い論争がある。ある人たちは、ちょうど異邦人がキリスト者になるために割礼が不用であったように、本当にキリストに従い生きることに洗礼が必要なのかと疑問を呈している。実際、クエーカー教徒や救世軍のように洗礼を受けていなくともキリスト者とみなされるグループも存在する。

では、なぜアジアでも洗礼を受けることが勧められ、あるいは求められるのであろうか。教会には洗礼を受けているけれども信仰生活をしていないキリスト者も数えきれないほど存在している。他方でたとえ洗礼は受けていなくても、キリストを信じようとする人も数えきれないほどいるのである。そうした人々は、キリストのからだにつながっているとみなされてもよいのではないか。アジアの歴史をたどるなら、信仰を公に告白することもなく、受洗することもないが、「隠れキリスト者」として生きた人たちの実例もみられる。

他の宗教にもあるように、洗礼は入信儀礼の一つである。しかしまさにこの点がキリストを告白することを思いとどまらせているのである。そう考える人たちに、その葛藤や躊躇を理解しながらも、なお洗礼を受ける恵みふかさを伝え説明することはできるだろうか。

洗礼とは何か？

人はみな神の愛する子どもとしてこの世に生を受けており、恵みの受領者である。ある人が命を与えられ誕生したこと、親がいること、食物があることなど、存在することによって与えられるものは恵みである。しかしそうであるならば、さらにそれとは別の恵みが洗礼にあると考えるべきであろうか。そもそも洗礼はどうして必要なのだろうか。

まず、洗礼とはしるしである。人は存在する事自体に恵みの数々が伴っている。洗礼には、まさにそれが恵みであることを公に認める行為でもある。その人本人が恵みの数々を認めるだけではない。洗礼を通じて、共に生きる人々も一緒に、こうした恵みの世界を生きていることを承認するのである。洗礼はそうした信仰のしるしであるのだ。

洗礼を通して、人は自らが神の子どもであり、キリストのからだに真に結びあわされている者であることを信じるのである。さらに、洗礼を通じてキリストに結ばれているものはだれでも、キリストの死と復活に与り、またいのちの刷新を経験する。洗礼とはまったき賜物であると同時に、神からの召しであるのだ。

さらにもう一つの意味が洗礼にはある。すなわち、神との契約という側面である。洗礼を受けるものは、信仰の交わりに参画すること、みことばに聞き従い主の晩餐に与ること、言葉と行いとによって福音を宣べ伝えること、そしてこの世において正義と平和を尊びそのために奉仕することを神と約束（契約）するのである。その契約において、キリスト者はその責任を果たすこともまた求められている。このような考え方は、米国福音ルーテル教会の文書、「恵みの手段の使用」に明確に記されている。

また洗礼には、私たちが神の赦しをいただいて生きている、という信仰を表わしている。水の洗いによる洗礼によって、キリストに結ばれている。ルター派では特にそれを私たちは神を前に「義化」されている、という言い方をする。依然として罪人のままでありながら、神は私たちを赦された者として受け入れてくださる。罪の赦しとは、神が私たちを認め、あるがままを受け入れていることを意味する。

現実においては、依然として日々罪人でありつづけているのだが、神の目において私たちのまるごとが肯定され、もはや神の裁きのうちにあるのではない。「義人にして同時に罪人」とはこの多いなる矛盾の同時性のことである。別の見方からいい直すならば、私たちはその日々の罪のゆえに依然として神の赦しを求めるものでありながら、同時にすでに罪赦されたものとしてあるがままを生きることが許されているのである。この点はつづけて次の聖壇の礼典のところでもさらに考えてみたい。

贈物としての信仰

アジアのキリスト教の中には、「二度生まれ」や「真のクリスチャン」ということを強調して、再洗礼を迫るグループがある。ここで覚えておきたいのは、神の約束が決して無効になることがないのと同様に、一度受けた洗礼が何かを理由に古く擦り切れてしまうことはないということである。

洗礼時に子どもの額に刻まれる十字架は、たとえその子が成長し信仰生活から遠ざかったとしても、その約束が消失するわけではない。洗礼は生涯に一度きりのものであり、一生涯有効である。子どもも成人も、すべての人が洗礼を通して神の恵みと赦しの受領者として受け入れられているのである。それはキリストのゆえにそうなのであり、私たちの側にある功績や善い業によるのではない。それゆえに、ある人たちが主張するように、大人だけが洗礼をゆるされ、また自らの信仰を公に言い表した時にのみ有効であると考える必要はない。

このような問題でもっとも大事なことは、信仰は人間の側による業にかかっているのではなく、神からの贈物としての信仰であるという理解だ。聖霊の働きを通して、それは私たちの外から到来する。信仰はただ知的な同意でもなければ、賛否を表明する意志に還元できるものでもない。イエスが「神の国はこのような者たちのものである」（マルコ一〇・一三―一六、ルカ一八・一五―一七）とおっしゃられて、子どもたちを祝福されたことは、今もなお意義深いことである。

両親や家族、教保、あるいは信仰の共同体といった周囲の人々を通して介在される賜物というものがある。みことばとともに、おさな子の頭に水が注がれる洗礼について、本人たちにその自覚はないだろう。にもかかわらず、その子の生涯にわたる神の出来事を示し約束するのだ。こうして意味を深く味わうに、洗礼は奇跡的な出来事であり、小児洗礼は歴史を通じて保たれてきた信仰上の意味がある。

幼児に洗礼を授ける際、その子がまるで一人の大人であるかのような問答が繰り広げられる。その問答は、両親や教保、そして会衆全体がその子の代わりに応える形になるが、それがその子の成長をこれから先も祈り、そしてまた責任をもっていくことのしるしにもなる。キリスト教教育や堅信教育というものは、こうした信仰理解があって成立しており、こうした恵みの理解は大人においてもなんの違いもない。まるでおさな子であるかのように、そして浸礼や滴礼といった形式に左右されることもなく、成人の受洗者もまた洗礼によって洗い清められ、主にある愛の衣をまとうのである。

❖学びのために

1　みなさんの会衆において、洗礼を躊躇する人がいるならば、どんな理由があるでしょうか。

2　教会には通わないけれどもイエスを救い主として受け入れる「未受洗の信仰者」という人たちがいますか。みなさんはそのような人たちとどのような関わりがありますか。

3　みなさんの教会は、幼児洗礼がありますか。それとも、成人洗礼だけでしょうか。それぞれの考え方には理由がありますが、みなさんにとってはそれらはどのように受け止められるでしょうか。

五　聖壇の礼典

『小教理問答』

問い　聖壇の礼典とはなんですか。

答え　これは私たちの主イエス・キリストの真のからだと血であって、私たちキリスト者がパンとぶどう酒において食し、飲むようにと、キリストご自身によって設定されたものだ。

問い　それはどこに書かれていますか。

答え　聖福音書記者たちマタイ、マルコ、ルカと聖パウロはこう書いている。

「私たちの主イエス・キリストは売り渡される夜、パンを取り、感謝して、これを裂き、弟子たちに与えて言われました『取って、食べなさい。これはあなたがたに与えられる私のからだである。私の記念のためこのように行いなさい』。

食事の後同じように主は盃をも取り、感謝し、これを彼らに与えて言われました『取って、みながこれから飲みなさい。この盃はあなたがたの罪の赦しのために流される私の血における契約である。あなたがたがこれを飲む度に、私の記念のためにこのように行いなさい』」。

問い　ではこのような飲食はなにに役立つのですか。

答え　次のようなことばがそれを示している。「あなたがたに与える」と、「罪の赦しのために流される」だ。すなわち、私たちにこの聖礼典において、このようなことばをとおして罪の赦しといのちと救いが与えられるのだよ。罪の赦しがあるところに、いのちも救いもあるからだ。

問い　どのようにしてからだの飲食がこのような大きなことを行い得るのですか。

答え　飲食はもちろんなにも行わない。「あなたがたに与える」と、「罪の赦しのために流される」と書かれていることばが行うのだ。からだの飲食に添えられるこれらのことばが聖礼典における主要な部分なのだ。これらのことばを信じる者が、これらのことばが告げ、伝えているとおりのこと、すなわち「罪の赦し」を得るのだよ。

問い　ではだれがこのような聖礼典をふさわしく受けるのですか。

答え　断食し、自らからだを整えることは確かによい、外的な訓練だ。しかし本当にふさわしく、確かに適切な人とは、「あなたがたに与える」と、「罪の赦しのため流される」というこれらのことばを信じる信仰をもつ人なのだ。これらのことばを信じないとか、疑うとかいう人は、ふさわしくなく、適切ではないのだ。「あなたがたのために」ということばは全く信じるという心を要求しているからだよ。

◆聖餐とアジアの視点

「聖礼典」と訳されているサクラメントは、「聖なる」を意味するラテン語 sacramentum に由来する。サクラメントは、ローマ・カトリック教会において七つあるのに対して、ほとんどのプロテスタント教会は洗礼と聖餐の二つを聖礼典としている。この二つだけがイエス・キリストに直接設定されたものであるという宗教改革の理解が今も継続しているからである。

「聖壇の聖礼典」とは聖餐のことである。その呼び方には、聖なる交わり、主の晩餐、ミサ、感謝の祭儀（ユーカリスト、ギリシャ語で感謝の意）といった様々なものがあるが、聖礼典にある豊かさや意味をそれぞれの言葉が言い表していると考えるのがよいだろう。洗礼が一人ひとりに注がれる恵みであるのに対して、主の晩餐は共同体に与えられる賜物であることを覚えておきたい。

コミュニティー全体でキリストのからだと血に「現に与っている」という実現が重要であり、その理解にもとづいて聖餐式は個々の教会で行われている。パンとぶどう酒は、パンとぶどう酒のままでありながら、そのパンとぶどう酒とキリストが現にご臨在されるという理解にルーテル教会は立っている(訳注。化体説や象徴説に対して、共在説や現臨説と呼ばれる)。キリストがどのようにパンとぶどう酒に現臨なさっているかは、それ以上の説明はできない。ひと言でいえば、それは「神秘」である。

聖餐は一片のパンやわずかなぶどう酒（ぶどう液）を分けて食するが、家庭や教会でも行われる食卓の交わりと同じではない。そこで強調されるのは、それが「主の」晩餐という点にある。イエス・キリストが捕らえられる夜、弟子たちに「とって食べなさい。これはあなたがたのために与えられた私のからだである」と言われ、同じく「この盃はあなたがたの罪の赦しのために流された私の血における新しい契約である」と言われた。

この主の晩餐とみことばを通して、キリストが一見、何の変哲もない日常の食卓に目を留め、そこでこそご自身を私たちに差し出されたことを受け止めているのである。ルターはここに一方的な神の恵みとして、「贈与としてのキリスト」を見いだし、罪の赦しの具体化をみている。罪の赦しがあるところに、いのちがあり、そして救いがある。これが聖餐の恵みである。

一致と赦しのしるしとして

主の晩餐によって私たちはキリストに結ばれると同時に、教会に結ばれている。主の晩餐は一致のしるしである。私たちは単独者として聖餐に与かるわけではない。一人ひとりが聖餐に与かると同時に、そこで教会もまたこの聖餐に共に与かるのである。したがって、主の晩餐とそこで起こる罪の赦しは、共同体の出来事になる。罪の告白と赦しは、聖餐にとってかかせない部分になる。聖餐の交わりは共に赦しに与る機会であり、その赦しをいただくごとに私たちは新しいはじまりに立っている、という聖餐理解である。

アジアの多くの教会は、聖餐は年に四回ほどであったり、月に一回程度であろう。こうした回数は宣教師が宣教していた時代の名残りでもある。他方で信徒の中には、聖餐を度々受けることを躊躇する考えもある。自分は受領するに値しない存在であるとか、十分な準備もできていなければ、信仰上の備えもできていないと考えられることがある。そうした気持ちは理解できるとしても、聖餐の理解としてはふさわしいとはいえない。

なぜなら、聖餐は神の赦しの出来事であり、恵みそのものである。この考えが基軸になる。しかし私たちは、このような神の自由な賜物という考えを素直に受け止めることが必ずしもできるわけではない。むしろ受け取るには何かをしなければならないという考えが繰り返し入り込んでくる。この自由な賜物というものを心の深いところで疑い、否認することがある。しかし聖餐は神中心に考えられるべきである。私たち人間の側からその資格や到達点のようなものを考える傾向が繰り返し見え隠れしたとしても、聖礼典は神の側からの一方的な恵みという信仰に立っており、罪の赦しも慈しみも絶対的な恵みの出来事であることを第一に考えたい。

逆にいえば、私たちが私たちの側から考える条件によって、この神ご自身の考えと行いとが左右されるわけではない。それがすでに受け入れられ、ゆるされている事柄として差し出された恵みである。こうした理解は聖餐の基本にあり、もし回数のことでいうならば、必然的に日々の暮らしにおいてもっと身近なものであったほうがよいのだ。

恵みとしての神の食卓は、すべての信仰者に開かれている。アジアの教会では、子どもへの配餐が堅信を経るまで待たれることが多い。これもアジアの教会と宣教の歴史によるものである。しかし先に洗礼のところで述べたように、聖礼典を神の恵みとして捉えるならば、年齢において制限する理由はできるかぎり取り去られる方がよい。

さらにアジアの諸教会においては、未受洗者への配餐が行われる場合がある。アジアの「未受洗の信仰者」という考えが切実なところでは、おもに牧会的な理由から配餐が行われている。そのような人たちを断罪したり、聖なる交わりを断ち切る必要もない。しかし同時に教会全体の秩序との関わりで、つねに慎重に考えられてきた事柄であることを双方が確認しなければならないことであろう。

主の晩餐が「すべての人」に開かれていることを、どのように受け止めるかは依然として困難な問題でありつづけている。神からの賜物としての聖餐と理解するならば、配餐に制限が加えられることは神学的信念に反するといった主張に出会うこともあるだろう。

こうしたとき教会は、罪の赦しの洗礼を聖餐から切り離さないで考えること、正式に教会の一員に加わること、そしてこれらを祈り覚えることを応答としてきたのである。いずれにせよ、こうした未受洗者への配餐は、個々人の問題にとどまらず、広くキリスト教の共同の交わりに関わることなので、牧師さらに会衆の決断へとゆだねられていく事柄になる。

交わりと共同体

聖なる交わりという観点から聖餐を考えると、聖餐と共同体という意外と忘れられがちな主題に注意が向けられる。交わり（Communion）としての聖餐は、通常は目にみえる教会の集いで行われているが、それは近しい間柄の人たちの閉ざされた「交わり」に限られるものではない。

私たちの日常ではなかなか思いが向けられないが、より深い交わりの次元が聖餐にはある。すなわち、「一つのからだと血」を分かち合うことは、社会にある分断と分裂を克服し連帯を表明するしるしにもなるということだ。

イエスはしばしば罪人と呼ばれる人、収税人やアウトカーストといった人たちと食事の交わりをなさった。また群衆とパンを分かち合うイエスの姿も記されている。ヨハネ福音書にある五千人の給食の物語では、「イエスはパンを取り、感謝の祈りを唱えてから、座っている人々に分け与えられた」(一六章一一)と記されており、後に聖餐時の設定辞となるみことばと響きあっている。

イエスはご自分に従っているのは誰かとお尋ねになってはおられない。その人の経済力や性別、出自や民族などが問われたわけではない。その場にいる人たちと共に手に取れるものを分かち合われたのだ。

このことはアジアのキリスト者に聖餐の意義深さを示唆しているように思われる。アジアにもまたさまざまな社会的苦難がある。貧困や差別があり、社会の隅へと追いやられている人たちがおり、こうした人々との広い交わりへとキリスト者は招かれているのではないだろうか。

私たちはパンとぶどう酒に「現臨する」キリストを祝う一方で、同時にキリストの「隠された現臨」にも思いを向けるべきなのだ。「飢えたこの人たち」(マタイ二五章参照)のただ中に人知れず主はおられることを忘れてはならない。聖なる交わりからこの世界で愛を見いだし分かち合い、それが私たちを生かし育てるのである。

❖学びのために

1　みなさんの教会では聖餐をどれくらいのペースで行っていますか。もし週ごとに行っていないならば、その理由はなんでしょうか。

2　みなさんの周囲にはキリスト者ではないけれども聖餐に与かれる機会や事例がありますか。またそれはどのように考えられているでしょうか。

3　みなさんの教会では子どもが聖餐に与ることに反対する考えがありますか。その場合、どんな理由があるでしょうか。

4　洗礼は聖餐に与るために必要なものでしょうか。あるいは信仰があれば十分でしょうか。

解説

本書は、Luther's Small Catechism: An Exposition of the Christian Faith in Asian Contexts and Cultures の全訳であり、日本福音ルーテル教会世界宣教委員会の活動の一環として刊行されました。その経緯は、永吉秀人委員長がまえがきで紹介されているのでそちらをご覧ください。ここではおもに原書の執筆の背景と、内容の解説をしたいと思います。

編集者であるJ・ポール・ラジャシェカー氏は、長年米国フィラデルフィアにあるルター派神学校で組織神学を教えてきたインド出身の神学者です。ルーテル世界連盟や、世界キリスト教協議会などグローバルに活躍された方です。アメリカ国内のアジア系神学者の草創期の一人でもあり、若手研究者の育成にも力を尽くしています。同じく英語圏で活躍するアジア系の神学者たちと一緒に、国内の若手研究者を集めた共同ゼミを主催しています。訳者はその第一回目の共同ゼミ生でした。アジア各地からの留学生だけでなく、米国内の移民の二世、三世という人たちもおり、その「アジア」とは出身も文化も、そして政治的な状況も随分と違うものであることを体感した二週間でした。このようなエピソードも、本書の成立と特色に関わりがあります。

まずアジアの視点というとき、決して一様なものにはならないアジアを踏まえています。あくまで暫定的で開かれたアジアを想定しています。またアジア系の神学者と言っても、その居住地や活動の場所はアジア地域とはかぎりません。アイデンティティーを問うなら、ハイブリット（複数性）で、モビリティー（移動性）に富んだものになるでしょう。これもアジアらしい特色の一つになるのかもしれません。それぞれが内なる「一様ならざるもの」があるからこそ、共通する言語や円卓を囲むテーマや話題が切実になってきます。

今回の場合、共通言語は英語でした。そして取り上げたテーマがこの『小教理問答』でした。どうしてアジアで教理問答（カテキズム）なのでしょうか。実は、私自身も当初はピンと来ていませんでしたが、タイのバンコクでミーティングを重ねるうちに段々と今回のプロジェクトの意義深さが分かってきました。それは米国国内で少数者として教会を形成してきたアジア系のキリスト者と、同じく少数者として小さなコミュニティーを形成するアジア各地の教会の人たちをつなげていこうとする試みだと感じたからです。

本書は、宗教改革者マルチン・ルターによって書かれた『小教理問答』を現代の視点から読み直しているものです。『小教理問答』はなんといっても五〇〇年もの間読み継がれた書物ですから、その解説書も世界中に多数存在します。こんにちも教会の内外で、キリスト教の教えと信仰の要点を知りたい、学びたいという声がありますが、十六世紀の宗教改革の脈絡において、これに取り組んだのが『小教理問答』でした。

『小教理問答』は、十戒、使徒信条、主の祈りを中心に、キリスト教とその信仰の骨格について解説したものです。当時の牧師も信徒も、そして子どもも大人も、みんなで信仰の要諦について学べるよう執筆されたものでした。したがって、そのまま『小教理問答』を読むことが本意に沿うのかもしれません。実際、このようなカテキズムの伝統は、今も世界中の教会で受け継がれ、洗礼や堅信の準備や信仰教育の機会に息衝いています。

本書はこうした幾世代にも重ねられてきた信仰継承の実践が背景にあります。信仰をただその人の心の問題や私圏に落とし込むのではなくて、大河の流れのように見立て、時代を超えて文化を横断していく信仰の次元を見つめていこうとします。信仰には「参画する」という側面があります。参画するという実践は、生きた信仰と言葉と体験のやり取りを含みます。祈りや奉仕の実践と同じように、やってみてはじめて得られる洞察と意義深さがあります。ちなみに、しばしば教理を大切にすることが、教条主義と混同されることがありますが、信仰とその言葉の交流がなされるところに教理形成の現場があります。本書もまたそのような試みの一環であり、生きた現場でこそ共に探求され、得られる励ましと気づきがあることを願っています。そのためにも本書が取り組んでいるいくつかの挑戦的な課題について挙げてみます。

『小教理問答』を手に取ったことがある人なら分かることですが、内容は平易で分量も多くはありません。もし読書というならば、〝楽勝〟でしょう。あっという間に読み終えることができるからです。ところが、ルター自身は『小教理問答』に一方ならぬ思いを抱いており、本格的な神学書である『奴隷意志論』と並んで、数多ある自著の中でもっとも重要な書物と考えていたようです。この〝小さな大作〟に込められた思いの深さをどのように理解し、また受け取ることができるでしょうか。本書を通じて皆さんと取り組んでみたいところです。

もう一つ別のチャレンジもあります。この書がどんなに重要なことが書かれてあったとしても、それは十六世紀のヨーロッパで書かれたものであり、二十一世紀の私たちの間には、当然、ギャップのようなものがあります。もし壁が感じられるならばどのようにして風穴を開けられるでしょうか。溝があるというならばどのように飛び越え、また埋めることができるでしょうか。これはルターの課題というよりも、歴史の中で読み継いで手元に届けられた私たちの側にある課題といってよいでしょう。

実はこのようなチャレンジは、キリスト教の宣教上の課題として長年繰り返されてきたことです。教理問答（カテキズム）はその緊張感の中で、事柄の核心にあるものを伝え、そして原点に立ち戻る道筋を信仰者に用意してきました。それ自体が答えになるとは限りませんが、この繰り返し立ち戻り学ぶというカテキズムの伝統それ自体が、大事なことを掴み取り身に着けるための方法論を伝授しているとも言えます。教会は、カテキズムを通して次の時代の扉を開いてきた一面もあるのではないでしょうか。これは十六世紀の宗教改革と二十一世紀のアジアに共通する点であり、カテキズムを現代に実践する意義深さの一つになります。

さらにここに関連するテーマが繰り返し立ち現れています。なぜアジアにおいてキリスト教なのか、という問いです。ある人は、諸宗教とその伝統が息づくアジアにあって、キリスト教は新参者の外来種のように思うかもしれません。あるいは、これだけ科学技術が進展し、高度に世俗化した社会において、なぜキリスト教なのか、どうして宗教なのか、と問いかける人もいることでしょう。アジアとキリスト教の歴史に踏み込むならば、さらに複雑な事態が見られます。そこでキリスト教から学ぶよりも、むしろキリスト教への懐疑や問いかけの方が多くなることもあります。そして教会の信仰やカテキズムというと、キリスト教に親しみを覚える人たちでさえも、堅苦しく感じ、敬遠する人たちもいるのではないでしょうか。

本書は、このような諸課題が自分たちの目の前にあることを理解しています。机上の出来事としてではなくて、実際に「信じ、教え、告白」する教会に身をおいて、悩み格闘する背景をいずれの執筆者も持っています。そして、いずれも大きな問題であり、自分たちだけで解決できるとも思っていません。むしろ、混沌とした世界の中で、そこから信仰の問い、すなわち神学的な思索がはじまると信じ、共同の取り組みをしています。各節に「アジアの視点」と「学びのために」という箇所を設けているのは、そのような問いかけを読者の皆さんとも一緒に考えてみたいという思いからです。

アジアの神学には、だれもが認める定義があるわけではありませんが、かといって無軌道に論じられているものでもありません。そこにも多くの人たちの取り組みと足跡があります。二十世紀後半には、アジアの解放の神学や諸宗教の神学、また民衆神学など数々の独創的で、人々の歩みに寄り添った神学が展開されました。日本国内においても、アジアにおける日本や教会を意識した取り組みが見られます。特に先の戦争と植民地支配の歴史に向き合い、罪責と和解に向けた神学的な取り組みが大勢の人たちによって担われ、そして今があります。しかしながら、神学を専門とする方々は別として、一般的にはアジアの神学に触れる機会はまだ多くはありません。本書に関連するところでその特色と傾向をすこしだけ紹介したいと思います。

スリランカの神学者アロイジウス・ピエリスは、アジアの神学には、貧困と宗教という二大テーマがあると論じています。貧困は個々人の生存の問題であり、社会問題であり、政治経済の問題です。しかしそれらは神学上の課題でもあるのです。なぜなら、貧困は神様が造られた世界において由々しきことであるからです。本文にガンディーの次のような言葉が紹介されています。「すべての人の必要を充たすほどに十分に豊かな世界であるが、すべての欲望を満たすことができるほどの場所ではない」。このような洞察にアジアの神学は共鳴しています。みんながご飯が食べられているかどうかは、福祉の問題であると同時に、公正と正義の問題だとアジアの神学は考えます。簡潔にいえば、貧困とは神様にとって一大関心事である、と真剣に問うているのです。

またアジアの宗教性は課題であるだけでなく、地球大の課題に取り組む試金石にもなると考えられています。アジアは宗教的な多元状況にあります。宗教間対話はアジア固有の課題であり、多くの紛争や衝突には宗教のさまざまなかかわりが見られ、見過ごすことができない問題です。お互いが相互理解を深め、敬意を有していくことが繰り返し本文でも述べられています。キリスト者にとって、イエスの隣人愛の教えに聞き従う具体的な例にもなります。しかしアジアの神学は、さらに深く根源的な事柄を掴んでいるように感じられます。

他者を理解し、大切に接することは、イエスの隣人愛の教えに従うことに相違ありませんが、アジアの神学は、その遵守と実現は決して自分たちだけでなしえないことを知っています。草の根レベルで、キリスト者も、他の宗教者も、宗教者ではない人たちも、共に暮らすところで難問に取り組み、共生の世界を築こうとしてきた数知れない足跡があります。私たちが他者とどのように未来を生きていけるか、という課題はキリスト教の課題でもあり、またアジアの課題でもあるのです。そこでアジアの諸宗教やその伝統文化に対する伝統的なキリスト教神学の態度は十分なものではなかったかもしれません。本書の執筆者はこうした問題と可能性の双方を踏まえたところで、十戒、使徒信条、主の祈りといったキリスト教の文書にアプローチしています。解説というよりも、これらの文書と対話をしていると言った方がよいかもしれません。

たとえば、十戒にある「偶像礼拝の禁止」は、通り一遍の古びた教えと考えられていません。「あなたの心と信頼のあるところに、あなたの神もある」というルターの言葉は、こんにちのアジアの脈絡では驚くほど現代的な課題になっています。つづく「安息日の遵守」は、アジアの視点を通じて、現在の労働やエコロジーといった社会問題に深くかかわる話題として論じられています。使徒信条や主の祈りも同様にアジアの視点からアプローチして、これらのキリスト教の要諦から学び取ろうとしています。本書を読み進めると、アジアのキリスト者が二つの伝統の往還を生きているようにも見えますが、どう思われるでしょうか。

本書を手にする人の中には、十戒／使徒信条／主の祈りをただ唱えるだけでなく、このように考えたり議論することは、神学者と呼ばれる専門家のものだと考える人もいるかもしれません。そう思わせている責任は、それこそ職業的神学者にあるのかもしれませんが、とても残念なことです。なぜなら、信仰とその取り組みがあるところに神学の必然性があると思うからです。

信じるという行為は、ただ心のあり様ではなくて、その人の心と魂と生活に具体的にかかわります。そこで厳しい現実に直面すると、人は信じることが「愚か」で「つまずき」のように感じられるものではないでしょうか。しかしそこでこそ、はじめて真に考え抜くということに目覚め、深い思いにいたることもあります。こうしたことを神学は考えてきました。個々人の思い付きではなくて、それが聖書が証言する信仰であると私は考えます。

「すべての人は神学者である」といったのはルターですが、信仰の内に試練も苦悩も悲しみもあることを知っている人こそが神学者だといっているのです。少なくとも神学を大切にする信仰は、その人の紆余曲折、光も影も、キズも弱さもすべて含めたところから信仰を考えています。そこで出会うものがあり、耳にする言葉があるからです。福音信仰はそこでこそ現実になるのだと考えます。他の人たちはどうなのだろうか。これもまた神学的関心であり、本書を通じて分かち合える問いのひとつになります。

本書の企画ミーティングは数年かけてタイで行われていました。その前後の数年間、私自身は立て続けにアジア各地の国際会議に招聘があり参加しました。会議の主題は、「公共圏と宗教」（シンガポール）、「開発と奉仕（ディアコニア）」（フィリピン）、「宗教間対話と平和」（香港、ミャンマー）などいずれも大きなテーマでした。エコロジーや人権、正義と公正、ジェンダーや紛争解決に通じる具体的で切迫した諸課題の報告と活発な議論がありました。住んでいる地域が丸ごと焼き討ちにあう現場の様子を命からがらにスマホで撮影して会場に駆け付けた人もいました。またある国の宗教的右派によるナショナリズムに追い立てられ国内難民となった人たちの支援者のレポートは胸を衝くような痛ましいものでした。政府と宗教指導者と粘り強く対話を重ねジェンダーと人権の大切さを説く僧侶の声は、預言者の実践がなんであるのか、あらためて問いかけられたようでした。「よく分かった」などと簡単にはいえない厳しい現実がありました。

私にとってそのような会議は内なる試みを受けるような時でもありました。自分がなにをしに来たのかも分からない時もありました。無力さと無知を恥じるばかりの旅でした。何かをしたり話すよりも、じっと耳を傾けるほかない、そういうことの方がずっと多いのです。しかしそうした現実にもかかわらず、どの会議にも共通していたことがいくつかありました。多くの会議は一週間ほどの間、会場に朝から晩まで缶詰状態になります。それだけに食事やコーヒータイムは楽しみのひと時です。だいたいみなさんおしゃべりが大好きで、物語の名手が幾人もいます。共食は楽しさあり、笑いあり、そして分かちあう喜びがありました。会議中のいのちの危機を訴える緊迫感がますほどに、おおらかに、そしてあたたかな時を共にする印象深いひと時でした。

もうひとつは祈りです。祈りが招きの業であることをそうしたアジアの友人たちから教わりました。胸が締め付けられるような祈りや、言葉で言い表せない思いの詰まった祈りもありました。そこで確かに分かちあわれたものがあります。開かれる展望があり、強められる思いがあります。祈りには様々な次元があると思いますが、私が学んだことは、「決して忘れない」ということでした。宗教には、集合的な記憶を運ぶ役割があるように思いました。世の終わりまで担う使命といってもよいかもしれません。

アジアにおける『小教理問答』もこのような脈絡から出版されました。大きな歴史のうねりに比して、小さな出会いと祈りが折り重ねられているようなものかもしれませんが、本書もここから生まれたものです。読んで学ぶ人が、励ましを得て、周囲の人たちと思いと言葉をさらに交わすような時が生まれることを祈りたいと思います。

翻訳に際して、『小教理問答』本文はルター研究所訳『エンキリディオン　小教理問答』（リトン、二〇一四年）、『大教理問答』は『一致信条書』所収を使用しています。主の祈りは『ルーテル教会式文（通称、青式文）』の「改訂式文」において採用された訳を、そして聖書は新共同訳聖書を引用しています。あらためて、先達たちが積み重ねてきた働きに助けられて今があることを思い、感謝している次第です。

各執筆者の豊かで特色ある文章を損なわないように訳し、かつ日本語として文意を通すには、私の力量が不足していることを認めなければなりません。校正を重ねながら、よりよく伝わるよう意訳を心掛けるようにしました。それがうまくいっているかどうかは、手に取ってくださった方々の判断にゆだねたいと思います。その他翻訳に関する責任は訳者にあります。

翻訳出版の許可を得るため、原著編集者であるラジャシェカー先生に連絡した際、原著初版はすでに完売し、重版の準備に取り掛かっていることを知りました。アメリカだけでなく、インドでも多く読まれているそうです。また版権所有者である米国ルーテル福音教会（ＥＬＣＡ）のアジア・太平洋諸島協会（ＡＡＰＩ）からは快諾の報せと共に、日系人教会の方たちに本書を推薦したいとのメッセージが添えられていました。翻訳出版の許可とあわせてこのような励ましの言葉をいただいたことに心からの謝意を表したいと思います。

出版に際し、日本福音ルーテル教会事務局長の滝田浩之先生に全面的な後押しをいただき、永吉委員長には「まえがき」を寄せていただきました。この小著が主のお働きに豊かに用いられることを祈ります。また、リトンの大石昌孝氏にはご尽力をいただき、心より感謝を申し上げます。

二〇二三年三月二〇日

宮本　新

【編者・執筆者】

J. ポール・ラジャシェカー（J. Paul Rajashekar）

米国福音ルーテル教会(ELCA)牧師。博士。合同ルーテル神学校組織神学部門・ルター・D. リード教授およびアジア夏期神学講習会責任者（フィラデルフィア）。インド出身。フィラデルフィア・ルーテル神学校学部長、ルーテル世界連盟神学研究部門長を歴任。現在もインド・バンガローにある合同神学大学教員。*The Abundant Harvest, Stories of Asian Lutherans* (2012) 共同編集他、多数の著書がある。

【執筆者】

ソングラム・バスマタリー（Songram Basumatary）

インド北部福音ルーテル教会牧師。博士。インド・アッサム州出身。チェンナイにあるグルクル神学大学および研究所教授／学部長。著書は、*Ethnicity and Tribal Theology: Problem and Prospect for Peaceful Co-existence in North East India* (2014), *Transforming Reformation: Reformation in Perspective* (2017), *Migration in Perspective: Towards Theology of Migration from the Margins* (2018)。

マンヘイ・イップ（Man-Hei Yip）

香港出身。フィラデルフィア・ルーテル神学校（現合同ルーテル神学校）博士課程修了、Ph.D（宣教学）。現在、ボストン大学神学校キリスト教グローバル宣教センター研究員。ワルトブルク神学校教員。ルーテル世界連盟プノンペン事務局、ELCA 常議員を歴任。*Global Lutheranism: Vitality and Challenge* の共著他論文がある。

ポンサック・リムトンビラトン（Pongsak Limthongviratn）

米国福音ルーテル教会（ELCA）牧師。ルーテル・シカゴ神学校博士課程修了、Ph.D（組織神学）。タイ出身。博士課程在学中、セントポール・タイ・ルーテル教会を設立。現在、米国福音ルーテル教会アジア・太平洋諸島宣教局局長。タイにある神学校の教員も務めている。

ビクター・ティナンブナン（Victor Tinambunan）

インドネシア・バタクキリスト教プロテスタント教会（HKBP）のセコラー・ティンギ神学校校長。HKBP 牧師。フィラデルフィア・ルーテル神学校修士課程修了、S.T.M.（組織神学）。トリニティ神学大学（シンガポール）より博士号授与。

宮本　新（Arata Miyamoto）

日本福音ルーテル教会牧師。ルーテル・シカゴ神学校博士課程修了、Ph.D（神学）。著書は *Embodied Cross: Intercontextual Reading of Theologia Crucis* (2010) 他。日本福音ルーテルみのり教会、博多教会、福岡西教会、田園調布教会牧師を歴任。現在、日本ルーテル神学校およびルーテル学院大学教員。

訳者紹介

宮本　新（みやもと　あらた）

同志社大学（法学部）、ルーテル学院大学、日本ルーテル神学校卒。シカゴ・ルーテル神学校大学院博士課程修了。Ph.D（神学博士）。
著書　Embodied Cross: Intercontextual Reading of Theologia Crucis (Eugene: Wipf & Stock, 2010) 他。
訳書　『もうひとつの十字架の神学─二一世紀の宣教論』（リトン、2010）。
日本福音ルーテル教会牧師。現在、日本ルーテル神学校およびルーテル学院大学教員。

アジアの視点で読むルターの小教理問答

発行日　2023年5月15日

編　者　J. ポール・ラジャシェカー

訳　者　宮本　新

発行者　日本福音ルーテル教会世界宣教委員会

発行所　有限会社リトン
101-0061　東京都千代田区神田三崎町2-9-5-402
TEL 03-3238-7678 FAX 03-3238-7638

印刷所　株式会社TOP印刷

ISBN978-4-86376-096-7　